积极心理学视角下的大学生心理健康教育研究

杨敏 刘毅 郭晓媛◎著

中国商业出版社

图书在版编目（CIP）数据

积极心理学视角下的大学生心理健康教育研究 / 杨敏，刘毅，郭晓媛著. -- 北京 : 中国商业出版社，2024. 6. -- ISBN 978-7-5208-2962-5

Ⅰ. G444

中国国家版本馆 CIP 数据核字第 2024PU1916 号

责任编辑：葛　伟

中国商业出版社出版发行
（www.zgsycb.com 100053 北京广安门内报国寺 1 号）
总编室：010-63180647　编辑室：010-83118925
发行部：010-83120835/8286
新华书店经销
北京七彩京通数码快印有限公司印刷
*
710 毫米×1000 毫米　16 开　10 印张　200 千字
2024 年 6 月第 1 版　2024 年 6 月第 1 次印刷
定价：50.00 元
* * * *

前 言

如今，大学生心理健康教育已成为高校高等人才培养的重要内容之一。将积极心理学应用于大学生心理健康教育及心理健康干预，能提升大学生心理健康水平及心理韧性。高校应基于积极心理学的教育优势，深化对积极心理学教育资源的开发，并进一步做好教育改革创新，使积极心理学能为大学生心理健康教育问题的解决提供帮助。

本书主要分五个部分对积极心理学视角下的大学生心理健康教育进行分析，以求提高心理教育整体效率，帮助大学生心理健康课程改革达到优化提升，帮助大学生在学校中实现高效学习，健康成长。第一章为积极心理学理论和大学生心理健康教育概述，主要对积极心理学的概念、缘起、内容、观点、方法以及相关理论依据进行简述，对大学生心理健康教育概念、大学生心理健康教育的未来发展趋势等方面进行简述；第二章为积极心理学视角下的大学生心理健康教育现状，主要对大学生心理健康教育现状及发展、积极心理学视角下的大学生心理健康教育现状进行分析，并分析积极心理学融合大学生心理健康教育的优势与启示；第三章为积极心理学视角下的大学生心理健康教育课程，对积极心理学视角下的大学生心理健康教育课程相关内容进行分析，并提出积极心理学视角下的大学生心理健康教育课程的策略、优化大学生心理健康教育课程思政建设的策略；第四章为积极心理学视角下的大学生积极心理品质培养，主要对积极心理学视角下的大学生积极心理品质概念、积极心理学视角下的大学生积极心理品质现状进行分析，并提出积极心理学视角下的大学生积极心理品质培养对策；第五章为积极心理学视角下的大学生心理健康教育优化路径，主要从积极心理学视角下的大学生心理健康教育的实践对策、体系构建和实效性提升对策等进行介绍，从而丰富大学生心理健康教育资源，推动高校大学生心理健康教育质量与效率的有效提升。

积极心理学从积极、健康的角度挖掘个体的美德和各种优秀品质，引导个体对人生的积极态度，促进个体的健康发展。心理健康是青年大学生全方位发展的重要前提，直接关系到其道德品质的培养和综合能力的提高。高校要深入了解积极心理学视角下的大学生心理健康的重要性，分析新时代大学生心理品质的表现，在遵循主体性原则、体验性原则、发展性原则的基础上，通过构建积极的心理健康教育内容、实施积极的教育方法等，培养青年大学生的积极心理品质，提高其抗挫折能力，推动其健康、全面发展。

著 者

前言

目　录

第一章　积极心理学理论和大学生心理健康教育概述

第一节　积极心理学理论概述

积极心理学理论自从被提出以来，经过不断发展和演变，主要形成了以下研究内容：一是积极主观体验，二是积极人格特质，三是积极组织系统。国内外学者大多将积极心理学应用于高等教育中的心理健康教育环节；我国学者结合我国高等教育的现实需要，也对其应用于高校思想政治教育方面进行了尝试。目前，积极心理学的研究取得了一定的成效，但也存在一定的争议和亟待深入研究的内容。

积极心理学主要关注个体的优势、潜能、幸福感等积极属性，强调通过增强个体的正面经历和特质来促进心理健康。在高等教育背景下，大学生作为一个特殊的群体，面临着学业、就业、人际关系等多方面的挑战，心理健康受到普遍关注。因此，积极心理学理论在大学生心理健康教育中的理论基础显得尤为重要。

一、积极心理学基础概念

（一）积极心理学

塞利格曼被认为是“积极心理学之父”，他在1998年美国心理学年会上首次提出创建积极心理学。积极心理学关注积极的和有用的东西，不仅研究抑郁、焦虑、精神分裂等，而且更关注爱、自尊、幸福感等。积极心理学认为人们应该用一种积极心态来面对心理现象或问题，从积极的角度解读这些现象或问题，挖掘人身上现有的或者内部潜在的优秀品质和积极力量，并用自身所激发出的力量帮助身边的人，实现自身价值，促使每个人生活得更幸福。

积极心理学提出的PERMA模型概念，包括积极情感（Positive Emotion）、投入（Engagement）、关系（Relationships）、意义（Meaning）和成就（Accomplishment），为大学生心理健康教育提供了框架。大学生心理健康教育应致力于营造积极的情感氛围，鼓励大学生全身心投入学习和生活中，帮助他们建立和谐的人际关系，探寻和实现人生的意义，及时肯定和奖赏自我成就。

积极心理学中关注的特质和优势，如乐观、韧性、自信等，对大学生应对生活中的压力和挑战具有积极作用。心理健康教育可以帮助大学生识别和发展个人优势，增强自我效能感，从而提升心理韧性和抗压能力。

积极心理学强调个人目标的设定和实现以及与之伴随的自我成长和发展过程。在心理健康教育中，将大学生的个人发展目标与其学业和职业规划有效结合，指导大学生制定和追求符合自身价值观和兴趣的目标，将有助于增强他们的生活满意度和幸福感。

积极心理学在大学生心理健康教育中不仅提供了理论工具和框架，也为大学生心理素质的提升和内在潜能的挖掘提供了新的视角和方法。通过积极心理学的理论指引，心理健康教育可以更有效地促进大学生的整体发展和自我实现，建立起积极向上的心理状态。

（二）积极心理学研究缘起及发展演变

积极心理学的研究缘起于20世纪末期，时任美国心理学会主席的塞利格曼倡导积极的心理倾向，因此提出了积极心理学的概念和相关理念①。塞利格曼认为，心理学应该具有三项重要使命：第一项使命是治疗人的心理疾患，帮助患有心理疾患的人走出痛苦，重新拥抱美好生活；第二项使命是使人生活得更加幸福，致力于提升人的幸福感；第三项使命是鉴别、培养有天赋的人，挖掘人的自身潜力，激发人潜在的优秀特质。对积极心理学的相关研究追根溯源，最早出现在20世纪30年代婚姻幸福感和生活意义的相关研究中②。

第二次世界大战爆发以后，残酷的战争导致了人类的身心受到了巨大创伤，越来越多的人产生了心理问题和疾患。因此，在当时的时代背景下，为了帮助人们从巨大的战争创伤中走出来，缓解因战争带给人们的精神摧残，心理学界的研究焦点主要集中在已有心理问题和疾患的人身上，通过测评和矫正，帮助他们治疗心理问题和疾患，而使人生活得更加幸福和鉴别、培养有天赋的人这两项使命逐渐被心理学界所忽视。第二次世界大战结束以后，人们的生活环境变得和平，生活条件变得富足，但自身的幸福感却没有明显提升，反而越来越多的人患有心理问题，因此，心理学界根据当时的时代背景将研究焦点逐渐转移到了心理问题和心理疾患的预防上面。此后，随着经济社会的不断发展，人们的精神世界得到了高度解放，追求个人幸福生活成为时代主题，心理学界也逐渐将焦点转移到对于个人幸福感的提升方面，不再只关注于已存在心理问题和心理疾患的人。

积极心理学经过不断的发展和演变，其在学术界的地位越来越受到重视，研究内容也越来越成熟，其研究内容主要如下。一是积极主观体验。当一个人对过去表示满意和怀念、对当下感到愉悦和认可、对将来充满憧憬和期待时，就会感受到积极的情绪体验。二是积极人格特质。在同一刺激源产生非同一刺激反应的情况下，受刺激主体必然存在着差

① 周嵚，石国兴．积极心理学介绍［J］．中国心理卫生杂志，2006（2）：129-132.

② Seligman M E P，Csikszentmihalyi M. psychology：an introduction［J］．American psychologist，2000，55（1）：5-14.

异化的思维模式和性格特质。积极性人格特质能够帮助人们乐观面对挫折，勇于克服挫折。三是积极组织系统。当身处的环境能够为受刺激主体提供最佳的帮扶和支持时，受刺激主体能够获得最优的价值实现。国内外学者针对积极心理学以及积极心理学的应用等方向展开了较为丰富的学术研究。学者眼中的积极心理学往往包含积极、乐观、美好、幸福等正面词汇。如 Sheldon 等人认为，积极心理学的核心思想是积极，其研究焦点是大多数人的美德①。Rye 等人认为，积极心理学在某些层面上与传统临床干预相比发生了颠覆性改变，与专注于缓解心理病理学的传统临床干预措施不同，积极的心理干预措施关注人类的长处和美德的发展②。Peterson 认为，心理学不应该只存在于生活中黑暗的一面，也应该致力于生活中光明的一面，有一个心理学正是朝着这个方向迈进、行走，它认真地考虑了以下问题：是什么使生活最值得生活？我们怎样才能过上美好的生活？毫不奇怪，该领域被称为积极心理学③。近年来，我国学者针对积极心理学的理论研究也越来越丰富了。李金珍等人从多个角度论述、阐释了积极心理学，通过对其更加全面的把握，为我国的相关研究提供更加有价值的经验参考、理论支持④。苗元江和余嘉元指出，目前心理学的研究正处在一个转折的关键点，未来将可能颠覆性改变传统的心理学，将是一种全新的想法和行动，毫无疑问，这个关键点就是从消极心理向积极心理的伟大转变，逐渐重视对人积极心理品质的关注和研究⑤。陈浩彬和苗元江提出，积极心理学致力于开展“幸福革命”，其想要实现的目标是让所有人都能找到自己的幸福所在，从而实现自己的美好幸福人生⑥。

积极心理学在发展的过程中，其研究取得了一定的成效，但也存在一定的争议和亟待深入研究的内容。Donaldson 等人认为，自塞利格曼提出积极心理学以来，积极心理学受到的赞誉和批评都在激增。Donaldson 等人研究了与积极心理学运动有关的评价文献，确定了 1999—2013 年发表的 1336 篇文章，其中包括了 750 篇研究、评价积极心理学理论、原理和干预措施的实证检验的文章，认为相关文章的发表率一直在相当稳定地增长，并且经验研究的数量在此期间一直稳定增长。其研究结果表明，积极心理学是更广泛的心理学领域中一个正在成长且充满活力的子领域，致力于使用与其他子领域相同的严格科学方

---

① Sheldon, Kennon M, King, Laura. Why positive psychology is necessary [J]. American psychologist, 2017, 56(3): 216-217.

② Rye M S, Wade N G, Fleri A M. The role of religion and spirituality in positive psychology interventions [J]. APA handbook of psychology, 2013, 11 (3): 145-154.

③ Peterson C. Pursuing the good life: 100 reflections in positive psychology [M]. New York: Oxford University Press, 2013.

④ 李金珍，王文忠，施建农．积极心理学：一种新的研究方向 [J]. 心理科学进展，2003 (3): 321-327.

⑤ 苗元江，余嘉元．积极心理学：理念与行动 [J]. 南京师大学报（社会科学版），2003 (2): 81-87.

⑥ 陈浩彬，苗元江．积极心理学：为幸福人生奠基 [J]. 教育导刊，2008 (11): 14-16.

法，以追求对幸福感、卓越和人类最佳机能的理解①。Ciarrochi 等人认为，积极心理学迅速发展，这是一种致力于促进最佳机能和幸福的研究和干预方法，积极的心理干预目前正在全世界范围内普及，但是，人们批评积极心理学过分强调积极状态，却没有充分考虑消极经验。鉴于此，其描述了一种积极心理学的情境化形式，它不仅可以应对批评，而且对于如何最佳实施和评估积极教育计划也具有明确的政策含义，以使它们不会弊大于利②。任俊和李倩认为，积极心理学在取得成绩的同时，不可避免也面临着困难和争议，主要包括三个方面的内容：首先是幸福感的概念不够明确，其次是积极和消极之间复杂的关系界定问题，最后是关于积极品质存在的突出争议③。

（三）积极心理学兴起的必然性与可能性

1. 积极心理学兴起的必然性

积极心理学的发起人赛格里曼认为心理学存在三大使命：对消极心理的研究用以治疗心理疾病，让大家的生活更充实、富有意义，天才的鉴别及培养。但是在第二次世界大战之后，因社会政治因素、经济环境的变化以及战争过后留下的影响，人们的身体和心灵都受到了严重的创伤，心理学家在这种社会发展形势下将心理研究放在了心理问题的治疗方面。在这种发展形势下，心理学对于个体消极层面的关注过于偏重，这其实偏离了心理学存在的实际意义，因为它导致了“很多心理学家几乎不知道正常人怎样在良好的条件下能获得自己应有的幸福”④。而将心理学发展的舞台中心定义为对心理障碍及心理创伤的研究，致使对使生命有价值的心理方面的研究变得不再重要。在人们眼中，心理学具有和治疗疾病等同的意味。

而对积极心理学而言，它并不是认为其余的心理学都是消极的，它认为心理学应该对积极与消极这两个方面进行平衡的研究，而不是将关注点一直放在消极的层面上。心理学研究的内容应该是中性的，积极心理学的出现就是试图对心理学进行补充，使心理学达到一种平衡，使心理学在理论及实践上都有真正的意义。正如塞利格曼等所指出的：“心理学不仅研究病态、弱点和损害，还研究力量和优点。处置不仅是修复被损坏的东西，而且还是培育好的东西。心理学不仅是与疾病和健康相关的医学的一个分支，其领域还要比这

---

① Donaldson S I, Dollwet M, Rao M A. Happiness, excellence, and optimal human functioning revisited: Examining the peer-reviewed literature linked to positive psychology [J]. The journal of positive psychology, 2015, 10 (3): 185-195.

② Ciarrochi J, Atkins P W B, Hayes L L, et al. Contextual positive psychology: policy recommendations for implementing positive psychology into schools [J]. Frontiers in psychology, 2016 (7): 1561.

③ 任俊，李倩．积极心理学：当前的困扰与未来的走向［J］．上海师范大学学报（哲学社会科学版），2014，43（2）：140-146.

④ Seligman, M E P, Csikszentmihalyi M. Positive psychology: an introduction [J]. American psychologist, 2000, 55 (1): 5-14.

宽广得多。心理学涉及工作、教育、洞察力、爱情、成长和娱乐。”①

随着社会的进步和经济、科技等各种领域的发展，人们的物质生活逐渐地丰富起来，但面对过大的社会压力，人们的幸福指数不断降低。怎样在当今的社会压力下丰富人们的精神生活、提高人们的生活幸福感、减少心理问题发生率成为当今心理学需要关注的重点。而人们物质生活的丰富，也会促使其去追求自身精神层面的提升，如何提高人们的生活质量也成为当今社会的新的研究重点。以上这些问题在传统心理学中无法寻求到正确的解决方法。正因为如此，为了改变传统心理学对消极方面关注过多这种不平衡状态，同时也为了解决当今时代心理学出现的新的问题，提高人们的幸福感，提升人们的生活品质，积极心理学理念应运而生。传统的心理学虽然发展历史悠久，但都偏向于对个人消极层面的研究，不利于人们更好地健康发展，积极心理学顺应时代的需求产生，它的兴起是必然的。

2. 积极心理学兴起的可能性

研究领域与积极体验的研究一致的是人本主义心理学。罗杰斯（C. R. Rogers）、马斯洛（A. H. Maslow）等人本主义心理学家都已将积极心理学所探讨的问题进行了深入的探究。比如：“什么是好的生活？”“个体的最佳状态处于什么时候？”“如何促进个人的成长？”个人中心疗法这一理念是罗杰斯提出的，他认为人们发现自我和表达自我，可以使人体的力量达到最佳的状态，而如何能够使个体自我实现，使人们全部的力量及才能发挥到极致状态，则成为马斯洛所研究的重心。马斯洛的研究也正与积极心理学中积极力量的研究不谋而合。

班杜拉（A. Bandura）关于自我效能的开创性工作、温勒（E. Winner）关于天赋和才能的研究、加德纳（H. Gardner）对广义上智力概念的研究等，都是当代心理学者对积极体验以及积极人格品质的探索，都为积极心理学的发展提供了很好的理论基础。

阿尔比（G. W. Albee）和考文（E. L. Cowen）在健康的观念基础上开创了心理疾病的初级预防计划；海斯（S. C. Hayes）与其工作伙伴创造了帮助心理治疗患者澄清和实现自身价值的心理治疗方法。

这些都是在实践领域中的发展状况，这些方法对积极心理学中积极体验的研究提供了很好的素材。近几年，研究者开始对幸福以及生物学上人的积极体验进行探索研究，这些研究过程和研究方法都为心理学家继续探究积极心理学并使其进一步发展提供了可行性理论和实践基础。

国外的心理学家对积极心理学从理论到实践都进行了相关的研究，为积极心理学更好地发展提供了可靠依据，使积极心理学能够长久地和传统心理学共同地发展下去。

① Seligman, M E P, Csikszentmihalyi M.: Positive psychology: an introduction [J]. American psychologist, 2000, 55 (1): 5-14.

（四）积极心理学的特征及功能

1. 积极心理学的特征

（1）倡导积极的取向。积极心理学这一门学科就是研究人的积极品质，发掘人的美好品德、积极正向能量的学科。它的关注点不再是传统心理学中关注的人的疾病和心理问题，而是转向关注人的积极品质、积极力量，将研究人类积极品质的内容整合起来，倡导人要用积极的心态去面对生活中发生的许多心理现象。这也是对人的心理问题的一种重新解读，更能够激发以及发掘人身上固有的积极品质和力量，使人们能够感受到生活中属于自己的幸福。

积极心理学关注正向的目标，与消极心理学不是对立的关系，是在此基础上倡导积极的方向，认为人们面对问题的时候要用积极的心态去解决，同时注重引导人们积极地生活。

（2）致力于实现价值的回归。积极心理学致力于将人的积极力量和积极品质激发出来，同时也更加关注人在社会中的生存和发展，强调人在社会中自身存在的价值。积极心理学不再过多地关注人的消极层面，而是关注人的正向层面，关注其自身的存在价值，使心理学因为体现人文主义关怀而实现了一种回归。积极心理学的特征就是让心理学回到了原有的价值上。心理学曾经一度出现价值的偏差，而积极心理学的提出使心理学能够更好地在价值轨道上运行。

（3）坚持科学实证。积极心理学是在传统心理学这一完善的学科体系上建立起来的，它秉承着科学实证的精神，继承了主流心理学的因素，继承了主流心理学的一些研究方法，如试验方法、评估方法、干预手段和结果检验等。

2. 积极心理学的功能

（1）积极增进。积极增进即让人们更好地体验生活，对以往的传统心理学予以纠正，增进人们对幸福、自信、乐观这些积极品质的追求。塞利格曼提出，如果心理学家希望改善人类的状况，单单只帮助有心理问题的少数人是不够的。多数普通人同样也需要关注和鼓励，过上满意的生活。这就是研究者们如威廉·詹姆斯、卡尔·荣格和马斯洛等人对探索精神的极度兴奋、娱乐、创造力以及高峰体验感兴趣的原因。当这些兴趣被医疗化和物理学羡慕所掩蔽时，心理学家忽略了其议程中的一个基本的组成部分。[①] 积极心理学要对这种忽略予以纠正，让普通人也过上令人满意的生活成为心理学的研究议程，这就是积极心理学的积极增进功能。

（2）积极预防。积极预防是积极心理学的第二大功能，是预防积极心理学研究的主

---

① Seligman，M E P，Csikszentmihalyi M. Positive psychology：an introduction ［J］. American psychologist，2000，55（1）：5-14.

题，也是其与传统心理学不同的一大特点。塞利格曼指出，多数心理学家将研究的重心集中在治疗上，帮助那些少数的有心理问题的人，但是“在我看来，治疗通常太晚了。如果在人们状况好的时候采取行动，就会省去大量的眼泪”①。他认为，心理疾病是可以预防的，而干预作为积极心理学的研究重点是预防心理疾病的有效手段。积极心理学发现，积极品质和人格力量如勇气、人际关系技巧、理性、洞察力、乐观、诚实等都具有缓解心理疾病的作用。通过发现和增强人们身上的这些积极的人格力量，能够有效地对心理疾病进行预防。塞利格曼的研究显示，在对儿童和成年人进行乐观训练中，使儿童和成年人的焦虑及抑郁在接下来的两年中发生的比例降低了50%；对10岁的儿童进行积极思考和行动的训练后，也使他们在青春期发生抑郁的比例降低了50%。塞利格曼进而指出：“与此相类似，我相信，如果我们希望预防那些成长在危险地区的青少年吸毒，那么，有效的预防之道不是治疗，而是识别和增强已有的人格力量。那些心系未来、善于交往、能从运动中获得安适的青少年，就不会有吸毒的危险。如果我们希望预防一个由于遗传因素而存在危险的青年人罹患精神分裂症，我认为，修补损坏将无济于事。反之，我认为，如果他掌握了人际交往的技巧，具备强烈的工作道德，学会在逆境中坚韧不拔，那么，他会降低罹患精神分裂症的风险。”②

（3）积极治疗。塞利格曼认为，在心理治疗中除了少数应用特殊的技术支持外，还有一些非特殊因素改善了心理治疗的效果。他将这些非特殊因素分为两类：策略以及深度策略。策略是治疗中常用的技巧，如注意、亲善、信任、真诚、权威人物、服务收费和职业技巧等。而深度策略，在塞利格曼眼中也没有那么复杂，好的治疗者都会用到，但是其没有被深入地研究，被束缚于疾病模式治疗这个怪圈中。在众多深度策略中，他更关注对人们心理疾病具有缓解作用的人格力量，主要包括勇气、人际关系技巧、理性、洞察力、乐观、诚实、坚韧、现实主义、快乐能力、爱心、对生活充满希望等。在心理治疗中帮助病人增加这些积极的人格力量有助于疾病的治疗，它所发挥的功效比迄今为止发现的治疗方法都有效，由此可以看出积极心理学对心理治疗具有积极的作用。

（五）积极心理学在高等教育中的应用

国内外学者对积极心理学的研究主要集中在学校教育环节，而在学校教育环节的应用又主要集中在高等教育阶段。通过对已有研究成果的梳理发现，国内外学者将积极心理学主要应用于高等教育中的心理健康教育方面。此外，结合我国高等教育的现实需要，我国学者也对其应用于高校思想政治教育方面进行了尝试。

---

① Martin Seligman. Authentic happiness：using the new positive psychology to realize your potential for lasting fulfillmnent［M］. New York：Free Press，2002.

② Snyder，C R，Shane J Lopez. Handbook of positive psychology［M］. New York：Oxford University Press，2002.

1. 积极心理学在大学生心理健康教育方面的应用

Magyar-Moe 认为尽管在美国及其他地区的大学中开展积极心理学的相关课程变得越来越普遍，但仍有许多学校没有将相关课程列为心理学课程的一部分。他研究开发了积极心理学的相关课程内容，这些课程内容是为那些想要教授积极心理学，但没有机会接触到这方面课程的教师设计的，同时也是为那些已经教授了积极心理学课程，但又想要将积极心理学主题引入其他心理学课程的教师设计的①。Goodmon 等人研究了积极心理学课程对学生的幸福感、抑郁症状和压力的相关影响，采用了重复测量、非等效控制设计，研究结果如假设的那样，与控制课程的学生相比，积极心理学的学生报告了更高的整体幸福感、生活满意度以及较低的抑郁症状和压力，由此说明，积极心理学课程可能是改善学生心理健康的一种方法②。Oades 探讨了积极大学的概念，将积极心理学应用于大学的五个关键环境：教室和正式学习环境（如课程、学习成绩）、社交环境（如学生关系）、当地社区外部组织（如志愿服务）、教师和行政工作环境（如员工压力）以及居住环境（如学生的幸福感）。他针对五种通往幸福的途径提供了具体的建议：积极的情绪、参与、关系、意义和成就③。Layous 采用为期四周的实验检查了积极活动干预的效果，学生每周写一次自己“最好的自我”（BPS）。结果表明，BPS 活动显著增强了积极的情感，并增加了亲密感。此外，该研究认为，如今有研究证据令人信服地支持积极活动干预措施对提升幸福感的功效，研究人员已将注意力转移到可能影响这种功效程度的潜在边界条件上。蒋宗文和郭世魁认为，大学生心理健康教育应融入积极心理学，建立科学的心理健康教育目标，并探讨达成心理健康教育目标的具体实施策略④。王佳利认为，高校应该借鉴积极心理学的相关理论，不断丰富教育教学内容，拓展方式方法，用新的思路和理念构建和谐融洽的主客体关系，不断提升教育实效⑤。

2. 积极心理学在高校思想政治教育中的应用

曾秀兰认为，积极心理学的相关理论为高校带来了启示，特别是应用在思想政治课程教学中，可以有效帮助提升教育教学的实效⑥。齐晓颖等人认为，积极心理学与高校思想

① Magyar-Moe J L. Incorporating positive psychology content and applications into various psychology courses [J]. The journal of positive psychology, 2011 (6): 451-456.

② Goodmon L B, Middleditch A M, Childs B, et al. Positive psychology course and its relationship to well-being, depression, and stress [J]. Teaching of psychology, 2016 (3): 232-237.

③ Oades L G, Robinson P, Green S, et al. Towards a positive university [J]. The journal of positive psychology, 2011 (6): 432-439.

④ 蒋宗文，郭世魁．积极心理学视野下的大学生心理健康教育 [J]. 思想教育研究，2010 (10): 50-53.

⑤ 王佳利．积极心理学与大学生心理健康教育 [J]. 教育探索，2013 (3): 138-139.

⑥ 曾秀兰．积极心理学视野下高校思想政治理论课教学的三个维度 [J]. 学校党建与思想教育，2010 (25): 49-50.

政治教育之间有着一定的联系，其理念上具有一定的通融性，让理论借鉴成为可能①。陈银平认为，积极心理学将培养人的积极品质作为其研究方向，通过分析发现，积极心理学与高校思想政治教育具有契合性，并且两者之间具有相互推动的作用②。李俊平和茌良计认为，目前高校的思想政治课程教学存在较大的问题，其中包括教师出现了职业倦怠情绪、学生学习热情低落，因此可以借鉴积极心理学的知识和理念，将其理论融入思想政治课教学的全过程，切实提升课程教学的实效性、感染力③。由此可见，我国学者普遍认为积极心理学对高校思想政治教育工作具有重要的借鉴意义，一方面可以切实提高教育教学的实效性，另一方面在一定程度上可以帮助摆脱思想政治教育存在的现实困境。

二、积极心理学相关内容

（一）积极心理学研究的主要内容

1. 积极的情绪体验

提起情绪，大部分人认为自己好的情绪多于不好的情绪，但对于积极情绪（幸福、爱慕、快乐、希望、同情、自豪、感激）的心理学研究是从20世纪90年代才开始受到重视。积极情绪往往是指人在面对其他人或事物的积极态度，包括对待自己的心态以及对待社会的一种积极影响；在面对工作和生活中遇到的问题和挫折等时要用积极的心态战胜消极情绪，利用积极情绪去分析问题、解决问题，采用积极的方法克服困难。积极的情绪体验是积极心理学研究的一大内容，塞利格曼将积极情绪体验的研究分为三部分：第一部分是快乐和沉浸即对现在的体验，第二部分是幸福和满足即对过去的体验，第三部分是希望和乐观即对未来的体验。积极的情绪体验是个体的主观感受，能够拓展人们的思维，激发人们的创造性。高校大学生拥有积极情绪会增强对生活的幸福感，帮助他们获得成就感，对其成长成才有着重要且积极的意义。

2. 积极的人格特质

"人格"的含义，一方面是指个体因遵从社会文化的准则，在生活中所表现出来的言行；另一方面是指个体所具有的潜在的、独特的，但是由于某些原因不愿意展现出来的个体特征④。人格代表个体在遵循社会普遍认同的价值观基础上的思维模式和行为风格，并且还代表个体自身潜在的由于其他原因没有表现出来的独特品质。积极人格教育认为，挖

① 齐晓颖，刘立伟，赵婷．积极心理学在高校思想政治教育工作中的功能及其实现［J］．学校党建与思想教育，2014（8）：61-63.

② 陈银平．积极心理学应用于高校思想政治教育的思考［J］．高教探索，2015（7）：87-90.

③ 李俊平，在良计．积极心理学视域下高职思政课教学改革的路径研究［J］．职教论坛，2016（14）：78-81.

④ 张厚粲．大学心理学［M］．北京：北京师范大学出版社，2001.

掘和培育人们潜在的积极品质，不仅可帮助有问题的人抑制消极人格，而且可帮助普通人生活得更幸福。积极心理学关于人格的研究，是反思传统人格研究过于关注消极人格因素而带来的一种新尝试。积极心理学关于人格特质的研究主要包括关于积极人格特质的研究、关于人格形成过程中各因素的影响以及关于人的能力和潜力在人格形成过程中的作用三个方面。第一方面关于积极人格特质。积极心理学关于人格的研究不仅关注有问题的人格及形成的因素，而且将目光转向与有问题人格相对的优秀人格以及影响优秀人格的因素上来，主要研究优秀人士的积极人格特质。第二方面关于人格形成过程中各因素的影响。在一定程度上，外在的人格特征和社会环境可以影响甚至改变人的生理机制，人格受到各种因素制约，例如生理机制、个体行为、社会环境等。积极心理学在研究人格特质时发现，人们先天存在的生理因素对人格的产生具有一定影响，但是个体所处的社会环境也在很大程度上影响着个体人格的形成。第三方面关于人的能力和潜力在人格形成过程中的作用。研究发现，如果忽视能力和潜力在人们的人格构建中的作用，就相当于忽视人在发展中的主动性。显然，这方面尤为重要。基于以上三个方面，彼得森和塞利格曼提出了六种广泛存在的美德，又为各种美德提出了相关的人格优势。他们在美德和人格优势的理论框架下，编制了以成人为测量对象的《人格优势行为问卷》（Values in Action Class ification of Strength，VIA-IS），以及针对青少年的《青年人格优势行为问卷》（VIA-Youth），这些都为积极人格的构建提供了目标和方法。

3. 积极的社会组织系统

积极心理学研究的第三个主要内容是积极的社会组织系统。积极心理学强调环境建设的重要作用，认为人类的积极情绪体验、积极人格、积极品德和思想行为以及社会环境是密不可分的，而且它们之间往往相互影响。积极情绪体验、积极人格特质以及积极社会组织系统，呈现相互作用的关系，即积极的社会组织系统能够为积极人格特质提供保障，积极的人格特质能够增强积极情绪体验。积极的社会组织系统包括三个方面，即社会组织系统、生活环境组织系统以及家庭组织系统。第一方面，社会组织系统包含国家的法治、政治、经济等相关制度，积极的社会组织环境能够激发人类的积极潜能，获得自信。第二方面，积极的生活环境组织系统包括日常生活的环境、平时工作的地方、学校的环境等，这些日常生活、工作、学习的环境都是生活环境组织系统。第三方面，积极的家庭组织系统包括父母的和谐夫妻生活和孩子的幸福生活，这些都有助于培养孩子成长成才，并生活得更幸福。积极的社会组织系统所包含的各个方面相互影响、相互促进，促使人类生活得更幸福、更美好。

（二）积极心理学研究的主要观点

1. 实现心理学的价值平衡

作为一门独立的学科，心理学从开始成立到发展自身都带着三重使命：一是对人的精神及心理疾病进行治疗；二是使普通民众的生活内容丰富，生活更加幸福；三是发现和培养有才能的人。第二次世界大战过后，因为战争带来的很多心理问题在人们身上发生，为了治愈人们的创伤，心理学研究学者将研究重心放在了研究心理问题上，用外在的刺激因素解决及消除人们的心理问题。像应激反应一样，只有你有缺点、有问题，它才会给予相应的措施去解决，这就是传统的心理学，也被称为病理式的心理学。传统心理学的惯用手段是从问题入手进行解决，侧重强调自身的矫正功能。此种研究形式使心理学家的关注点在少数有问题的人身上，更懂得如何让人们在困难的情况下战胜困难。但是这是一种小范围的关注，忽视了大部分没有问题的人，忽视了在正常的情况下怎么去培养人们的积极品质，培养人们的积极力量。

积极心理学主张心理学的平衡性，是对积极和消极的层面都进行研究，使心理学自身价值得到回归。积极心理学对心理学的回归起到了重要的作用，因为它主张发现人的自身价值，更好地认识人本身，发掘人的积极力量，它把根本目标定位在培育人的积极品质，使人们能够更好地和当今社会相适应。

心理学有其自身的固有价值，在人文主义关怀下，心理学的价值应该是人的平衡发展。传统的心理学因社会动荡的原因，在战争过后关注点走向了偏离，并一直发展了下去，使现在人们一提到心理学就觉得是“治病”。积极心理学的提出正好可以弥补这方面的缺失，我们要意识到心理学是为了让人们更好更健康地发展，不是为了给人们治疗疾病而存在的。积极心理学强调积极的品质、积极的力量，都是正面的思想理念。积极心理学与传统心理学的相互结合，正好可以平衡心理学的价值，使心理学的价值得到回归。

2. 强调研究每个人的积极力量

积极力量是指能够给人带来正向的、具有建设性并能发掘人潜力的力量。积极心理学研究积极力量从三个层面展开。一是主观层面。积极心理学研究个体的主观体验主要体现在对过去的美好回忆，对现实的乐观感受，对未来的美好展望。积极地看待过去所发生的事情，即使身处逆境也能坚持不懈地追求幸福，在平淡的生活中发现幸福。在对待现实方面，“福乐”是一种重要的积极体验，是对某一事物产生浓厚的兴趣并能推动个体将精力完全投入这一事物的一种体验，由愉悦、兴趣、幸福等多种情绪成分综合而成。“福乐”推动人的不断进步、不断发展，积极地寻求新的挑战。在对待将来方面，“希望”是一种情绪体验，是指个体在处于困难逆境的情况下心中仍坚信美好的一种信念，主要包括乐观、充满信心和希望等积极体验。二是个体层面，研究人的积极人格。积极心理学在人格研究中强调研究人格中的积极特质、存在于个体本身固有的人格力量，包含天分、智慧、兴趣等方面。三是社会集体层面。积极心理学主要研究学校、家庭、社会这三个方面之间的联系。对这三个层面的关注，积极的情感体验促进积极的人格特质培养，而积极的人格特质在积极的社会关系中能够更好地体现出来。

在传统心理学理念下，人们都关注着“问题”，也就是自身的问题，对于自身的优质品质关注过少。积极心理学关注人的积极层面，包括积极的人格、积极的体验，发掘人们各种优秀的品质，增强积极力量的提升，这使人们朝着更好的方向发展，并相信自己。

3. 提倡对问题作出积极的解释

传统心理学在面对心理问题时是以消极心理学来解决问题，而积极心理学是对所发生的问题给予积极的解释。积极心理学认为问题本身虽不能为人增添积极力量及优秀品质，但是可以为人们发掘自身潜在能力和积极力量提供机会。

从某种程度上来讲，传统心理学就等同于消极的心理学。它关注人们的消极层面，主要发现人们身上存在的问题，给人们的感觉就是为解决问题而存在的，问题发生了就对其进行消除，而并未探究其本质。积极心理学给予的解释就不一样，积极心理学注重预防，如果发现了问题，也是想办法解决问题，对待问题的发生给予积极的解释，同时为防止此类问题的发生而注重培养人们的积极品质，从根本上消除问题，不让问题再次发生。

（三）积极心理学研究的主要方法

万事离不开方法，掌握积极心理学的主要方法能够更深层次地理解其内涵和内容，为其应用于大学生心理健康教育奠定基础，具体表现为以下三个方面。

1. 积极情感体验法

积极的情感体验能消除个体的紧张和不适，促进身心健康发展，增强能力发展。“积极情感体验法是在积极心理学理论的基础上，使个体暂时或不断地获得积极情感体验，并提高其主动体验积极情感能力的各种方法。”① 通过增强大学生在教育过程中积极的情绪体验，能使其身心处于最佳状态，从而有利于大学生的幸福感、乐观型人格等积极品格的养成。

有效的积极情感体验法大致有以下几点。首先是加强生命意义体验。培养一项兴趣爱好，使积极的情绪能够在从事爱好活动的过程中被快速地激发出来，进而产生“螺旋式上升的情绪体验”。设定目标，专心做一件事，激发心流体验，通过生命回忆或者讲故事的方式再次体验积极情绪，要积极满意地面对过去、感受现在和充满希望地面对未来。其次是运动疗法。积极参加社会活动和体育活动，通过腹式呼吸训练、音乐疗法、正念疗法进

① 吕燕妮．论积极心理学对大学生价值观培育的进步意义［D］．长春：吉林财经大学，2016.

行放松训练，从而有利于强健身体，释放活力，感受愉悦，增强积极的情绪体验。最后是生活记录与分享。记录幸福日志和一天中的三件好事，写下感恩之旅，与人分享，这有利于提高个体对所遇事件的理解与处理能力，启发使用新角度去看待问题，提高人际交往能力。

2. 积极人格培养法

积极人格培养法要求个体始终保持积极的心理，增强积极信念感，培育积极的精神力量去克服内心的消极力量。人身上存在 6 种美好的品德和 24 种积极的人格特质，积极人格培养法重点培养个体的自尊和感恩。

“自尊是基于对自身的整体评价，每个人都在自己看重的领域建构起自尊，即个人所持价值标准的过滤性和收敛性是自尊建构的前提，自尊源于价值体验也引发价值体验，即自尊通过自我价值感建构，而自我价值体验本身具有终极性意义。”① 自尊分为高自尊和低自尊。高自尊的人能更好地管理、指导、监督自己，勇敢地面对遇到的各种问题与挑战，道德品质高尚，在各方面表现良好；低自尊的人则相反，容易出现心理烦恼和抑郁等问题。自尊水平的高低受到外貌、能力、社会奖赏等因素的影响，可以通过悦纳自己、锻炼能力、积极的社会比较等方式来优化这些因素，提高自尊水平。

感恩是积极关系的重点内容，是一种美德，是其他美德存在的基础，有着高层次的道德意义，是一种连续、持久的感谢状态。感恩是基于双方面的，需要感恩与被感恩两种对象，在感恩的过程中，个体会从中得到益处，从而更愿意对别人进行施恩，这样个体之间的关系就会变得更好，个体的幸福感、乐观程度等都会相应地增长。感恩首先要知恩，其次要有榜样示范发挥力量，最后达到知行合一。常怀一颗感恩之心，才会发现生活处处是动人的风景。因为感恩，所以宽容，感恩与宽容有着很大的联系。例如，感恩之人会把他人的不理智行为进行外部归因，站在对方角度上去理解，认为其有可能是心情不好导致，而不会从内心就认定他是一个坏人，这种归因方式就更容易去理解和宽容别人。宽容是一种美德和境界，是一种美好的品格，有利于化解人与人之间的冲突，缓和敌对情绪，恢复积极的人际关系，有助于个体的身心健康，增强幸福感。

3. 积极组织系统法

个体的成长与发展、经验的获得与积累实际上是在一定的环境或组织系统中进行的，积极情感体验和积极人格与品质也是由社会系统而来的，家庭、学校、社区等组织系统的存在，能够增强个体积极情感和积极品质的发展。因此，积极心理学以组织系统和组织要素为基础，整合系统与要素、系统与社会环境之间的关系和功能，构建有效的组织系统，

① 郑雪．积极心理学［M］．北京：北京师范大学出版社，2014.

在家庭、学校和社区等关键组织系统中培养与激发人的积极情感和积极品质，即“积极组织系统法”。这种方法主要是通过组织系统内各要素间的相互作用来培养个人的积极品质。“在个人的发展过程中，每个阶段个人都从属于不同的组织系统之中，如在读书时处于学校的教育系统中，工作时处于同事的上下级关系中，如果能够将个人积极的品质形成与每一个系统相关联起来，就能够更好地引导人向积极的品质发展。”①

（四）积极心理学的心理健康思想

在心理健康预防方面，积极心理学认为系统地塑造个体内部的各种优秀品质是对心理健康最好的预防，而不是对疾病的治疗。作为心理学研究者，应该做的是对这些品质进行可靠并有效的测量，弄清这些品质的形成过程和途径，并在适当的时机进行恰当的干预，使这些品质得到更好的塑造。这种积极的预防思想与我国中医“治未病”的思想异曲同工，都强调积极主动地强壮自身以抵御疾病的侵扰，而非等到疾病缠身时“头痛医头，脚痛医脚”。

在心理治疗方面，积极心理学主张运用积极的手段和方法促进来访者的改变，如积极关注、和睦关系、言语技巧、信任技巧等；同时，运用深度策略（如灌注希望、塑造力量和叙述等），来增强来访者的力量，使其有能力进行心理功能的自我修复。与以前的心理治疗方法相比，积极心理学更强调新的优秀品质的养成而非去设法改变原有的认知、行为习惯。

三、积极心理学理论基础

（一）积极心理学研究的理论渊源

积极心理学是在借鉴前人对于哲学、伦理学等相关的论述中形成的。在这些相关论述中，奥尔波特的人格特质理论和马斯洛的人本主义心理学对积极心理学理论形成和发展的影响较为深远。奥尔波特人格特质理论认为人格的形成需要个体的动机提供帮助，但是二者之间并不是简单的线性关系，个体的动机具有一种机能自主的特性。马斯洛的人本主义心理学认为每个人都具有不同于甚至高于其他人和动物的能力、才能和特质，它被埋藏在人们的内心深处，需要个体积极主动挖掘和实现。这两种理论都对积极心理学的形成和发展提供了重要的借鉴意义。

1. 奥尔波特的人格特质理论

奥尔波特是杰出的人格心理学家，对人格有着深刻研究。他认为，个体中能够决定个

---

① 赵佳敏．积极心理学视域下大学生人生观教育创新研究［D］．武汉：湖北工业大学，2018.

体与他人不同的思想和行为的身心系统的动态结构叫作人格①。奥尔波特强调个体人格的形成与个体动机具有一定的关系，但是二者之间并不是简单的线性关系，个体的动机具有一种机能自主的特性。这种机能自主是指在所有的由于学习取得的动机系统中，如果这种动机包含的紧张与形成这种习得动机系统的先行紧张不是同一个，那么也就是说习得动机表现出机能自主。当这种动机具有了机能自主，它就不再依赖原来的紧张了。例如，一个画家在刚开始从事绘画创作时，可能是因为害怕饥饿而进行绘画换回想要的食物，但过几年之后，他已经不需要卖自己的作品填饱肚子了，而他画画的唯一理由是他本身的热爱，追求自己喜爱的心理成为他创作的动机。在这一过程中，这个画家后面习得的动机系统就表现出机能自主，也就是习得动机的紧张与先行紧张不同。类似这种动机机能自主的例子在生活中很常见，如一个小女孩刚开始练琴的动机是想逃避父母的训斥，经过几年之后，小女孩练琴是出于自己的喜爱；一个商人已经赚取了超过自己生活消费的财富，但他仍然继续积累财富；等等。由于动机的机能自主性，因此个体的人格才是动态的，塞利格曼也正是从这里得到启发。

2. 马斯洛的人本主义心理学

20 世纪中后期，美国兴起了由马斯洛创立的新的心理学体系即人本主义心理学，被称为心理学的“第三势力”。“第三势力”是相对于以华生为代表的行为主义心理学的“第一势力”以及以弗洛伊德为代表的精神分析心理学的“第二势力”来讲的。不论是从研究内容、研究方法还是研究对象上，人本主义心理学都是对精神分析学和行为主义学的超越。人本主义心理学主张性善论，强调人的尊严、价值以及自我实现。

马斯洛反对精神分析学和行为主义学的观点，他明确了人本主义心理学包含的几个方面。首先，人性具有自我发展和实现的潜能。马斯洛认为，人类与生俱来具有某些潜能，这些潜能包括智慧、知识、爱、诚实、正直等，需要用鼓励、帮助、引导等形式将它们激发出来，使其转化成真实的东西，这就是人外显的或潜在的积极品质。马斯洛将这些潜藏在人们内心深处，需要人们积极挖掘的高于其他动物的能力和特性，称作“似本能”。

其次，马斯洛强调性善论。他认为人性中之所以有恶的部分，并不是人与生俱来的，而是因为人们在所处的后天环境中的需要没有得到满足。他还强调，人们潜藏在内心深处的优秀品质和积极力量具有跨越民族和文化的普遍适用性。他将人类最高层次的需要即自我价值的实现，作为人们共同追求的理想人格。

最后，马斯洛强调积极体验的作用。马斯洛通过调查得出人类具有高峰真实体验。这种体验是指人在实现自我价值时自身感受到的一种非常开心和愉悦的短暂体验，它虽然短

① 任俊．积极心理学［M］．上海：上海教育出版社，2006.

暂，却是人高度认同自身价值的一种体验①。能够获得这种高峰体验的人都是达到自我价值实现的人，因为想要实现自我价值，就要对自身有更高标准和更严要求。达到自我价值实现的人能够将自身潜在的积极品质和积极力量充分挖掘出来，并且和一般人相比更具有执行力。高峰体验虽然是一种短暂的体验，但影响个体的时间却很持久。这种高峰体验在一定程度上能够促进人的自我价值实现。

（二）积极心理学基本理论

积极心理学发展至今，经过实证，形成了一些积极理论，这些理论被广泛应用于临床医学、康复学、心理学、教育学等各个领域，无论是日常生活还是学习教育，积极心理学理论的影子随处可见。各行各业都认识到了当今社会的进步和人的发展需要将重心转移到人本身来，对人类自身优势与价值的探索才是对抗退步与消极的有效办法。

1. 积极人格理论

人格心理学在发展中试图用少量的特质去归纳大多数的人类，这些特质从人的具体行为中被提炼出来，但是又不能简单地作为原因再归还到个人身上。比如，我们定义一个人为“非常暴躁的”，在偶然的一次事故面前，这个人暴躁地打碎了一个花瓶，此时我们并不能说这个人是因为“非常暴躁的”而暴躁，这只是一个人在日常生活中表现出的与他人的差异，是一种持久性的性格特征，正是这些不同的性格特征在影响着人们的认知与情感。人格心理学更多关注问题人格和人格的问题方面，积极心理学对于人格的研究，既继承了人格心理学对问题人格及其影响因素的研究，同时更注重对于积极人格以及积极人格形成的影响因素的研究，因此是一种积极人格理论。

积极心理学强调，人格心理学过分关注问题人格和问题人格的解决，可是即便问题人格中的所有问题都消除，积极力量也没有获得增长；相反地，如果研究积极人格，关注人本身固有的良好品德，不仅可以消除和抑制问题因素的生成，还能够使人的美好品质得到培育和增长。上文中提到，塞利格曼在行为分类评价系统中归纳出了 6 种美德和 24 种积极人格特质，美德是核心存在，24 种积极人格特质则是为了培养 6 种美德而提出的途径。判断一种人格特质是否属于积极力量一般需要满足两个标准。一是属于特质，必须与能够实现幸福生活相联系，并且不伤害他人利益，具有道德感，能够得到社会的认同价值，最好有杰出人才作为这个特质可以使人成才的佐证。二是与积极人格特质含义相反的特质通常不具有积极的价值意义。比如，与勇敢相反的特质是怯弱，怯弱不具有积极意义，因此勇敢是一种积极特质。后来塞利格曼将这两条标准进行细化，形成了 12 个不同的方面，分别是：普遍存在（在不同种族文化中都能够找到）、满足感（有利于自我实现和幸福感

---

① 郭博文．积极心理学视域下大学生思想政治教育实效性研究［D］．西安：长安大学，2016.

的提升)、道德价值（具有一定的社会价值意义)、对立面是消极属性、特质性（比较稳定)、可测量、独特性、不影响他人成长、个体性、惊奇性、选择性缺少（并不是每个人身上都具有)、社会性（是社会追求的良好目标)。可以看出，这 12 个方面与 6 种美德和 24 种积极人格特质是紧密联系在一起的，对于良好美德的追求，通常普通人满足其中 1 种或 2 种积极品质足矣，并不是一定要满足全部的积极特质。同样，也并不是满足了全部的积极特质就一定能够形成 6 种美德，一个人良好美德的形成是受多方面因素的影响，如物质经济条件、文化水平的限制以及家庭环境的影响等。

积极心理学强调，生理机制影响人的发展，但又不完全决定人的发展，反而外部行为和社会文化环境更能影响人格发展。有研究证明，当人面临一个全新的外部环境和行为方式时，人体内的荷尔蒙水平会发生变化，也就是说，外部环境的改变会引起人本身生理机制的变化。比如，在不同的文化背景下，人们学习的方法也会不同。因此，生理机制可以说既是人的自然进化，也是外部行为方式和环境干预的结果。总的来说，不能忽略先天因素对人格形成的影响，但是显然后天的干预因素更值得人们去关注和探讨，人格的最终形成是在外部交往活动中，受生理机制影响将外部行为内化为人的稳定的心理品质。

从某种程度上说，对人潜在力量的重视其实是在唤醒人对自己身体和基因力量的主动权，当这种潜在能力被发掘和唤醒，并可以由主体控制形成一种能力时，个体便实现了对自己人格建构过程的掌握。人的潜力总是在特定场合与特定事物相联系时才会被发掘，一旦被发掘，这个潜藏的积极力量就会表现出与现有外在能力同等的作用。因此，在生活中重视人的潜在力量，发展人的积极行为能力，可以使个体在面对外部环境时有意识地施加一定的积极影响，积极的外部环境反过来又可以影响个体积极人格的生成。积极人格理论强调，不仅要关注个体已经表现出的外在能力，也要关注个体潜在的积极力量，挖掘积极特质，塑造积极人格。

对于高校学生来说，先天的生理机制无法改变，但可以通过后天的环境对人格形成进行干预。学生不是只有具备了所有的美德才具有发展潜力，才能被称作“有发展前途的好学生”，只要学生身上表现出积极的品质力量，就可以对其进行引导和发掘。轻易对学生“下定义”“贴标签”容易使其形成消极的生活态度，而美好、夸赞的词条则能够激发学生对美好品质的向往，培养他们积极的生活态度和人格。

2. 心流理论

心流理论（Flow theory）是著名的积极心理学家西卡森特米哈伊提出的，指人们忘我地沉浸在所从事的活动中，感觉不到时间的流逝。对于西卡森特米哈伊提出的“Flow”概念，国内学者有不同的译法，有的将其译为“心流”，有的将其译为“沉浸”，有的将其译为“福流”。综观国内学者对于此理论的研究，“心流理论”译法应用更加广泛，故本书采用“心流理论”的译法对此理论进行介绍。

西卡森特米哈伊在对一些被人们公认为具有创造力的人身上进行调查研究时发现，这些人尽管从事各行各业，比如画家、科学家、运动员、探险家等，但是他们身上有一个共同的特质，那就是他们内心对于所从事工作的热爱。也正是因为这份热爱，他们能够在工作中全身心地投入进去，达到一种忘我的状态，从而使他们坚持下来并取得成就。之后，西卡森特米哈伊研究了其他能够进入此种状态的活动，比如下棋和攀岩等，发现这些具有挑战性的活动所包含的困难因素能够激起人们乐此不疲的好胜心。在面对这些带有刺激性的活动时，人们能够从中体验到独特的心理感受。西卡森特米哈伊对“Flow”有过两次描述：一次是“当人们全情投入时，获得的一种贯穿全身的感觉”，“在这种状态下，动作与动作之间似乎受到一种内在逻辑的指引，而无须行为主体进行有意识的干预。他感受到的是贯穿各动作间的一股整体的流，并受控于自己的行为”；另一次是“当游戏者完全被活动吸引时，他们会嵌入一种共同的经验模式。这种模式以意识的狭窄聚焦为特征，并丧失自我意识，只对清晰的目标和具体的反馈有反应，因此不相关的知觉和想法都被过滤掉了”①。西卡森特米哈伊认为，这种体验类似于马斯洛提出的高峰体验，表现为在工作中不计回报地付出，有一种飘飘然的感觉，投入在所从事的工作中而忘却烦恼和苦难。

随着对心流的认识不断深入以及不断对模型进行完善，西卡森特米哈伊和他的研究团队将有利于心流体验产生的条件归纳成9个因素，也即心流体验产生的3个阶段，分别如下。

（1）前提：①明晰的目标；②明确而及时地反馈；③应对挑战的适当技巧。

（2）特性：④行为和意识融为一体；⑤全神贯注；⑥掌控的感觉。

（3）效果：⑦自我意识的丧失；⑧时间感的改变；⑨体验本身变得具有目的性。

除此之外，西卡森特米哈伊在研究中还发现，有些工作和活动非常有利于人们获得心流体验，比如技能比较复杂的工作比技能简单的工作更具有挑战性，也更容易使人获得沉浸的体验。因此，研究人员提出，通过对工作场地的设计和优化、空间的合理安排、安排有组织性的工作、锁定组织目标等，能够打造良好的体验环境，从而有利于人们心流体验的获得。

由于每个人获得心流体验的强度和水平都存在不同程度的差异，因此在学习和教育中，要对学生因势利导，让他们根据自身的能力去设置挑战，保持二者的平衡才不会因失败而产生挫败感，或者因轻易取得成功而骄傲自满。发现和培养学生的兴趣是非常重要的，没有兴趣作为支撑，学生就无法设定具体清晰的目标从而投入其中获得心流体验。通过对环境的优化、工作的合理安排、人员的合理调动等，增强学生的投入感，可利于学生获得心流体验。

① 邓鹏．心流：体验生命的潜能和乐趣［J］．远程教育杂志，2006（3）：74-78.

3. 希望理论

希望是积极心理学中的一个核心概念，随着积极心理学的发展，其逐渐进入心理学家的研究视野。希望是一种情绪体验，是一种认知倾向，是一种未来定向的期待。有多名研究者对希望的概念提出了自己的见解，积极心理学家施耐德提出的希望理论模型，得到了大多数人的支持，应用也最为广泛。施耐德对希望的定义是，一种基于内在的成功感的积极的动机状态，它包括意愿动力，即一种目标性指向的能量和路径，也即用来达到目标的途径和计划①。在希望理论的模型中，无论是儿童还是成人，他们的生活都是以目标为基础的，可以从两个方面来理解这个目标：一是启动意愿，即支持个体追求目标的自我信念系统；二是有效路径，即个人对自己达成目标的能力进行评估而寻找到的合适途径，是对自我的认识和感知。

施耐德希望理论模型包含几个方面的因素，分别如下。

（1）目标。目标是希望理论的核心支撑点，可以说没有设置目标，就没有希望理论的应用之处，而目标的设置无所谓大与小，可以是长期的大目标，也可以是短期的小目标。目标既不是100%就能轻易达到的，也不是毫无可能实现的，只要能为目标产生追求的信念并对自己进行能力评估，找到有效途径付诸实践，希望理论就能够发挥作用。

（2）路径意念。当人们设定好一个目标时，会对目标的实现产生预期，这是一种本能的自然反应。同时，还会在脑中进行规划，预想通过什么方式方法去达成目标，这既是大脑的自然反应，也是对大脑预测功能的开发。

（3）意愿信念。通俗地讲，意愿信念即支持人沿着既定目标坚持不懈的动力系统，这一系统不仅决定目标的产生和规划，也决定了个体是否拥有坚持下去的坚强意志。

（4）障碍，即在追求目标过程中遇到困难时的调整系统。通常情况下，人们在完成目标的过程中会遇到各种各样的困难，并且达成目标的途径通常也不止一种，因此在遇到困难察觉“此路不通”时，拥有高希望水平的个体会在意愿信念的驱动下选择其他途径，及时调整计划。

（5）想法决定感觉，希望水平不一样，个体对行为过程的解释也是不一样的。有些人在追求目标的过程中产生积极情感，是因为个体在达成既定目标的过程中，目标成功的感知是居多的，而有些人则会在追求目标的过程中产生消极情绪，这是因为个体受到了目标失败的感知。希望理论认为，尽管对目标失败的感知会带来消极情感，但是在非强制性执行目标的过程中依然会为个体带来积极情绪体验。障碍会引起消极情绪反应，削弱人的生活满意度，但高希望水平的个体会通过主动调适去寻找或者开辟其他的路径接着达成目

① 张青方，郑日昌．希望理论：一个新的心理发展视角［J］．中国心理卫生杂志，2002（6）：430-433.

标，并且这些障碍还有可能成为刺激他们动力系统和调整系统的因素。

以希望理论为依据，在对老年抑郁症被试人员进行干预治疗后发现，被试人员抑郁症状得到明显改善，希望水平也得到提高；将希望理论引入小学生课堂旨在开发小学生希望能力时，通过对小学生进行目标设定、与他们聆听和讨论高希望水平儿童的故事，发现这些学生的希望水平显著提高。希望理论不断被应用于医学、教育学等领域，在被试群体中取得了显著的效果。无论是将希望理论与大学生的生活相结合，还是将其运用于大学生思想政治教育，都有利于大学生对希望理念的培养，对自己的学习规划和人生规划设置目标，并提供强大的动力系统，为了目标而不懈追求，锻炼自己的思维调适能力，并成长为一个高希望水平的人。

第二节　大学生心理健康教育概述

大学生心理健康教育是高等学校人才培养体系的重要组成部分和思想政治工作的重要内容。“大学生心理健康教育”课程是大学生心理健康教育的主要途径，通过知识传授、课堂体验和行为训练发挥心理育人功能，为培养全面发展的社会主义建设者和接班人发挥其应有的作用。基于此，下面将对大学生心理健康教育与“大学生心理健康教育”课程等内容进行分析与简述。

一、大学生心理健康教育基础概念

（一）心理健康的概念

第三届国际心理卫生大会认为：“所谓心理健康是指在身体、智能以及情感上与他人心理不相矛盾的范围内，将个人的心境发展到最佳的状态。”①《简明不列颠百科全书》指出：“心理健康是指个人心理在本身及环境条件许可范围内所能达到的最佳功能状态，但不是指十全十美绝对状态。”② 我国台湾学者钱苹曾提出：健康完整的人格、稳定易控的情绪、良好的社会适应、和谐的人际交往关系是心理健康者所必备的特征。刘华山认为：心理健康是一种心理状态，呈持续、向好的趋势，其表现为生命的活力、正确的价值观念和行为表现、积极的情绪情感体验、良好的社会互动与交往，并且能够充分挖掘自身潜能，积极主动发挥社会功能。林崇德等人指出：心理健康既包括积极和消极的情绪情感，

① 刘艳．关于“心理健康”的概念辨析［J］．教育研究与实验，1996（3）：46-48.

② 《简明不列颠百科全书》编辑部．简明不列颠百科全书［M］．北京：中国大百科全书出版社，1985.

又包括生活的各个方面，总体聚焦人的主观体验①。姚本先认为：心理健康是个体身处大的外部环境中，能够达到生理、心理以及社会的三维一致、协调配合，从而保持健康良好的心理功能状态②。

综上所述，对于心理健康的概念，不同的学者由于思考问题的角度、方式不同，得出的结论也会有所不同。但是通过互相对比与分析，仔细研究和观察，我们仍然能够从中找出他们的以下共同点。第一，认为心理健康指的是没有心理疾病和一些特殊的心理问题，这只是对心理健康最狭义的定义。第二，心理健康是个体适应正常或良好的一种状态，适应是个体在与周围环境的互动中，通过不同的调节方式和调节系统作出主观的能动的自觉的反应，以使主客体之间保持一种平衡的状态。这里需要注意的是，平衡并不是绝对的，个体不能时时刻刻保持一种平衡的状态，也不能一直处于一种不平衡的状态，只能在平衡与不平衡无限转化的过程中寻求自身的生存与发展。所以，个体的适应包含着更多的生存与发展。第三，心理健康是一种持续且积极的状态，这种状态表现为健康完整的人格、客观正确地认识和评价自我、和谐的人际关系、稳定积极的情绪体验以及个体内生动力能够得到有效的激发。

综合以上观点，心理健康是指在与周围环境的相互作用中，个体能够客观认识自我、正确悦纳自我，通过不断地自我调整，从而保持生理上、心理上的正常或适应良好的一种持续发展的心理功能状态。

（二）心理疏导、心理咨询的概念

1. 心理疏导

“心理疏导”的字面意思是心理的疏通和引导③。心理疏导常用于心理咨询，对心理疏导对象进行一定程度的心理疏通和引导，也用于高校思想政治教育过程，对思想和心理感受出现难以接受的矛盾和困惑时，对被疏导者进行有针对性的、有目的的、有方向的思想引导。心理疏导主要是通过“主动式”的疏导和引领，帮助被疏导者克服不良情绪、不友好的思维冲突、不健康的思维方式，将疏导对象往良好的、美好的思维环境引导，协助其打开正确的思维方式，辨别正确的方向，并打破心理的障碍。心理疏导具有心理学和教育学的性质，高度尊重学生的个性发展和思想实际，双方和谐地、逐步地达到疏导的预期目标和效果。

---

① 林崇德，李虹，冯瑞琴．科学地理解心理健康与心理健康教育［J］．陕西师范大学学报（哲学社会科学版），2003（5）：110-116.

② 姚本先．学校心理健康教育新论［M］．北京：高等教育出版社，2010.

③ 邱伟光，张耀灿．思想政治教育学原理［M］．北京：高等教育出版社，1999.

2. 心理咨询

心理咨询是采用心理学的原理、方法，对求助的大学生提供帮助，从咨询沟通中引导大学生主动发现自身的心理问题以及根源，从而改变大学生的认知态度、行为模式等，帮助其更好地适应环境、调适自我。心理咨询是大学生心理健康教育实践的重要途径之一，当前中国处于快速的发展变化中，大学生面临社会环境的巨大变化，在个人成长难以调适其环境适应能力或在个人的追求、期望与个人的能力不符时，极易产生悲观、偏激的心理。近几年，大学生群体中抑郁症患者的数量不断增多，心理咨询活动能够借助专业人员对大学生的相关心理问题进行分析、探讨，帮助其提高自我认知、自我调控、自我成长的能力，提高生活与学习的质量。

（三）心理健康教育的概念

心理健康教育作为一种新型的教育方式，内涵丰富，对其概念的阐释也各具特色。关于心理健康教育的概念，在林崇德等主编的《心理学大辞典》中解释为普及心理健康相关的知识、树立心理健康意识，初步掌握心理健康常识，认识异常心理现象并了解简单的心理调适方法。心理健康教育不应简单地等同于德育工作，要防止医学化和学科化的倾向。20 世纪 80 年代，国内针对心理健康教育就提出了“心理卫生教育”和“心理教育”的概念。1994 年《中共中央关于加强和改进学校德育工作的若干意见》中第一次正式使用了“心理健康教育”一词。最初以上 3 个概念的含义是相通的，后来“心理卫生教育”和“心理教育”的提法逐渐被“心理健康教育”取代。1999 年教育部《关于加强中小学心理健康教育的若干意见》中对中小学心理健康教育的概念阐述为：“根据中小学生的生理、心理发展特点，运用有关心理教育方法和手段，培养学生良好的心理素质，促进身心全面健康和谐发展的教育活动。”石国兴在《心理健康教育新论》中认为，心理健康教育是指一切促进受教育者心理健康的教育实践活动。黄希庭在《当代中国大学生心理特点与教育》中认为，心理健康教育是为培养人们良好的心理素质而进行的教育工作，根据人们的身心发展特点，帮助人们圆满完成心理发展任务，妥善解决人们在各个发展阶段的心理问题，促进自我潜能开发的教育活动。综上所述，可以认为心理健康教育是对受教育者进行旨在促进其身心健康发展、防止心理疾病发生的教育。随着社会的发展，心理健康教育不断扩充自身内涵，注重在解决学生各种心理问题的基础上，挖掘学生潜能，实现自我价值。

（四）大学生心理健康教育的内涵及特点

1. 大学生心理健康教育的内涵

1999 年教育部《关于加强中小学心理健康教育的若干意见》中就明确厘清了心理健

康教育的定义问题。第一，心理健康教育是一项教育活动，在开展心理健康教育的过程中需要依据学生身心发展的特点，善于运用多种心理健康教育的方式和手段，从而引导学生形成良好的心理素质。第二，心理健康教育是一项素质教育，其开展的目的在于实现学生身心健康发展和素质的全面提高。

2018 年中共教育部党组印发《高等学校学生心理健康教育指导纲要》，对心理健康教育的内涵作了进一步补充，在肯定心理健康教育的目的是提高大学生心理素质、促进其身心健康和谐发展的基础上将心理健康教育纳入高校人才培养体系中，并将心理健康教育作为高校思想政治工作的重要内容。学界看来，这一定义较为贴切和科学地反映了社会主义现代化时期我国高校心理健康教育的实际情况和具体目标。

大学生心理健康教育要培养学生良好的心理素质和积极的心理品质，而不只是针对心理障碍，也不只是关注部分学生。为此，在心理健康教育工作中，既要从学生自我意识运行的心理机制着手，开展自我管理、自我教育、自我完善，又要对个别学生关于自我意识的矛盾和偏差给予充分的重视和关怀；既要坚持对大学生理想信念的引导，又要在树立正确理想信念的同时引导学生学会心理调适的方式；对于人格不完善的大学生予以高度重视，在其学习生活的过程中通过榜样示范、启发教育等方式实现对其健全人格的培养。通过培养适应性强、抗挫折性强、独立、自尊、负责、积极的良好的心理素质，引导大学生在生活中拥有积极、健康、向上的品质，崇高的理想信念以及社会主义责任感，促进大学生素质全面提高。

2. 大学生心理健康教育的特点

心理健康教育能够提高学生的心理素质，促使学生身心健康和谐发展。大学生心理健康教育具有基础性、全员性和互动性的特点。

（1）基础性。大学生心理健康教育的基础性是指其具有进行其他教育的基础的属性。首先，大学生心理健康教育的目的是促进学生身心健康和素质的全面发展，从这个意义上来说为教育提供了坚实的生命基础。生命不仅为教育的进行准备了必要的生物基础，也为人的社会性的发展提供了可能性。在生命的前提下人的社会性才能得到充分的挖掘，对更高水平的精神追求也只有在满足生命的条件下才有实际意义。心理健康教育作为教育的生命基础对人的社会属性以及精神追求给予了更多的关注。心理健康教育不仅涵盖了生活、生命、观念等方面，并且通过构建、运用、建设心理危机干预系统促进生命系统健康地运转，减少、减缓各种心理疾病的冲击，尽量避免因人格缺陷而对生命产生威胁。其次，大学生心理健康教育承担教育的非智力部分。大学的主要任务是“育人”，这个“人”是有感情、有思想的人，而不是拥有高能力和智商，却缺乏感情、缺少灵魂的人，心理健康教育承担了人才培养中非智力的部分。

（2）全员性。大学生心理健康教育的全员性是指其具有教育的主体和客体全体成员参与的属性。首先，心理健康教育具有主体全员参与的属性。高校一线的心理健康专职教师在大学生日常的学习生活中承担着知识技能教授、价值观念引导、心理危机干预的直接责任，各学院辅导员以及其他专业课教师也同样承担着心理健康教育的责任，但是我们也应该看到各类行政管理人员以及必不可少的后勤服务人员由于与学生的生活紧密联系，也理应加入心理健康教育主体的行列中。毫无疑问，专职教师应该成为心理健康教育主体的主心骨，他们可以用与心理相关的专业知识和技能去帮助大学生形成良好的心理素质。辅导员作为学生日常管理工作的主体，需要具有心理健康教育的知识储备以及观照学生心理健康的能力。管理服务人员也承担着组织和参与大学生心理健康教育的责任。其次，大学生心理健康教育具有客体全员参与的属性。大学生心理健康教育的目的在于，使大学生在接受心理健康教育的过程中，深刻地理解、能动地运用心理健康知识和技能解决未来可能遇到的各种心理问题，为大学生能够在遭遇挫折困难时开展主动求助、自我救助、互相帮助赋能，培养大学生对生活充满期待和热爱的心理品质。

（3）互动性。大学生心理健康教育的互动性是指教育主客体相互作用的属性。互动性在心理健康教育中表现在教育主体和教育对象在实施心理健康教育和接受心理健康教育的双向过程中建立了密切的联系，形成了双向的互动关系。建立双向的互动关系有利于形成心理健康教育主客体的交流，在交流中帮助学生解决问题。心理健康教育的过程，不只包含教育，也包含了教育者及受教育者之间互动的过程。在心理健康教育中，大部分大学生的问题集中于家庭、人际、学业等现实困难所引发心理问题，障碍性问题可能只占非常小的一部分。在教育过程中，无论是讲授还是倾诉等，都可以建立稳定的互动关系。在这种稳定关系中，可以增强大学生的主体意识，一方面，帮助大学生学会解决心理问题的能力；另一方面，教师也会在帮助他人的同时强化自己的互动性。这不只是一种理解或者接纳，还包括在解决问题的过程中提高独立地思考、独立地缓解压力、增强心理素质的能力。

（五）高校大学生心理健康教育发展演进脉络

下面将高校心理健康教育的发展之路分为“初创探索发展”“快速普及推进”和“规范起步提升”三个阶段。从这三个阶段对改革开放后的高校心理健康教育进行分析回顾，从理论和实践两个方面对高校心理健康教育发展所取得的成绩和存在的问题进行梳理，以期把握高校心理健康教育发展的演进脉络，探索我国高校心理健康教育发展进程中理论与实践的关系。

1. 初创探索发展阶段（20 世纪 70 年代末至 1993 年）

我国高校心理健康教育迎着改革开放的春风，快速萌芽发展，初创探索发展阶段是我国高校心理健康教育从无到有、从不被关注到渐获支持的阶段，这一阶段充分展现了高校心理健康教育作为新事物迸发出的强大生命力和远大发展前途。高校心理健康教育的发展不是一蹴而就的，而是诸多力量相互碰撞、相互推动发展起来的。随着心理卫生事业的发展，心理知识会越来越普及，心理卫生事业终成造福人类社会发展的有力工具。

20 世纪 70 年代末，我国开始改革开放，社会发生天翻地覆的变化，青年学子在面对更加复杂的社会环境时，其心理活动也会更加复杂，社会环境的变化使大学生更容易产生心理危机与心理疾病。

1980 年，我国的精神卫生工作与世界卫生组织（WHO）开展了国际协作，在世界卫生组织的积极支持与协作下，我国精神卫生工作取得卓越成就，研究领域扩大到各种心理卫生和行为问题，并开始寻求与心理学家、教育学家的合作。高校教育者对学生中存在的某些心理问题，开始探索用心理咨询的方式，试图研究解决学生的心理问题，心理咨询进入教育者研究的视野并成为我国最早的心理健康教育方式。沈琪瑶指出，1981 年我国某高校就开始探索心理咨询活动，用心理咨询的方法去解决学生的心理问题。1982 年，杜殿坤、采石指出，在德育教育中应重视心理卫生，即关注大学生的心理变化①。1983 年，凤肖玉提出，教师应注意因材施教，促进学生的心理健康发展，要加强对学生的思想教育，通过与家长进行沟通合作，解决学生出现的各种心理障碍②。这种以学生心理为出发点的教育方法，对解决学生的思想问题起到特有的作用。

20 世纪 80 年代初，为解决大学生在成长过程中出现的某些心理问题，部分高校开始探索开展心理咨询工作，有些高校开设了心理学讲座、选修课，有些高校开设了心理学专业，有些教师对学生进行心理调查、开展心理咨询活动等。如浙江大学在 1983 年开始筹备建设心理咨询中心，同济大学党委办公室在 1984 年发文要重视学生的心理问题，湖州师范专科学校则在 1984 年成立了我国高校第一个为学生心理服务的咨询机构等。

1985 年，中国心理卫生协会成立，这推动了我国心理卫生事业的发展。此后，我国多地高校成立心理咨询机构为高校学生服务，如上海交通大学的“益友咨询中心”和北京师范大学的“心理测量与咨询服务中心”，清华大学、中国人民大学、北京医科大学、浙江大学等也纷纷成立心理咨询机构。与此同时，一些高校开始了对心理卫生课程的探索。1986 年，大连轻工学院在品德课中开设“心理学”课程。次年，浙江大学等院校开设心理卫生类课程。此类课程的开设是心理卫生课程作为一门独立的课程在高校诞生的标志。此后，诸多高校开始在学生中开设心理卫生教育课程，普及心理健康教育知识。此外，高校心理健康教育工作者还积极承担国家课题，出版书籍，创办刊物，宣传心理健康教育。

---

① 杜殿坤，采石．要注意学生的“心理卫生”：苏霍姆林斯基论道德教育之五［J］．湖南教育，1982（7）：7-8.

② 凤肖玉．学校的心理卫生工作［J］．学校体育，1983（4）：54-55.

1986年，第39届世界卫生大会把精神卫生作为重要专题，并提出要对教师进行适当心理学培训，协助医生发现学生心理问题。这次会议的举行，提高了我国对精神卫生工作的重视程度，推动了我国精神卫生工作的开展。同年，我国卫生部筹建精神卫生协调组织，此组织已有教育部、司法部等政府部门的参加，这表明我国精神卫生事业开始受到教育部门的重视和支持。同年，我国还召开全国第二次精神卫生工作会议，陈学诗指出心理健康和社会功能完好也是精神卫生（心理卫生）工作的重要任务，会议将我国的精神卫生工作置入社会主义精神文明建设层面，指出心理健康的重要性①。1987年，我国参加WHO举行的会议，会议指出要制订针对青少年的身心健康计划，普及相关精神卫生知识②。我国为更好地推进精神卫生工作，根据WHO的精神卫生计划，修订我国“七五”时期精神卫生工作的内容③。

1988年6月，在上海交通大学举办首届关于“咨询教育理论与实践”的研讨会，此次研讨会对推动我国高校心理咨询工作的开展具有重大意义，是我国高校心理咨询工作兴起的标志。此后几年，诸多高校积极举办心理研讨会，学习其他高校的探索经验。截至1991年，我国有48所高校为学生开展心理咨询服务，有的高校甚至配备心理测量仪等先进设备辅助开展心理咨询活动，这在当时是前所未有的④。学界也将注意力转移到高校心理咨询工作上，学者们纷纷论述对大学生进行心理咨询的重要性以及必要性。

与此同时，多地展开对大学生心理健康状况的调查。1988年天津市调查的5万名大学生中，有不同程度心理障碍的占比高达16%；1989年杭州市关于“心理卫生问题”课题数据显示，大学生存在心理问题的人数占总数的25.39%，心理障碍的发生率远高于初高中学生；同年，北京市16所大学的调查数据显示，有相当部分的大学生存在心理问题和精神疾病，10年间因心理精神疾病的休学和退学分别占比37.9%和64.4%，因精神疾病退学人数近退学总人数的2/3，这个比例引起专家以及教育部门的重视⑤；同时期清华大学⑥以及兰州地区⑦关于精神疾病的调查数据都表明，我国大学生存在不同程度的心理障碍以及精神疾病，大学生存在心理困惑、精神疾病的不在少数；1989年，国家教育委员会关于青少年的心理报告也证实学生的心理问题日趋严重。以上相关数据表明，加强对大学

---

① 陈学诗．祝贺全国第二次精神卫生工作会议胜利闭幕［J］．中国心理卫生杂志，1987（2）：63-64.

② 严和骎，彭瑞聪．关于WHO西太区第三次精神卫生协调会情况［J］．中国心理卫生杂志，1987（5）：223-224，229.

③ 柳哲萱．世界精神卫生的新动向及其对策［J］．中国心理卫生杂志，1987（2）：93-95.

④ 沈琪瑶．我国48所高校开展心理咨询活动的调查［J］．海南师院学报，1992（4）：87-90，86.

⑤ 李淑然，纪秀琴，屠惠明．1978—1987年北京市十六所大学本科生因精神疾病休学、退学情况分析［J］．中国心理卫生杂志，1989（3）：113-115，144.

⑥ 沈蕴华，张希良．大学生因精神疾患所致辍学情况调查［J］．中国心理卫生杂志，1989（3）：116-115.

⑦ 黎凡．兰州地区4868名大学生神经衰弱调查报告［J］．中国心理卫生杂志，1988（5）：229-230，233-239.

生的心理健康教育，对大学生普及心理健康知识，已成为当时学校工作必不可少的一个环节，也反映了大学生在心理发展上的内在需要。

1989年，《人民日报》发文指出中学生心理障碍应该引起社会重视。1990年6月4日，国家教育委员会颁布的《学校卫生工作条例》指出要加强学生心理卫生工作。这对早期开展心理工作的人员无疑是莫大的鼓励，更为高校心理健康教育工作的开展奠定基础。1990年11月，经中国心理卫生协会批准，“中国高校心理咨询专业委员会”成立并积极召开学术交流年会，推动高校心理健康教育事业的发展。同年，杨德广等主编的《中国高等教育改革的实践与发展趋势》指出，开展心理咨询活动、促进学生的心理健康应作为高校思想政治教育（德育）改革实践的一部分，高校思想政治教育工作不再局限于政治、思想和品德教育，还应包含个性心理教育的培育，用心理科学为学生服务，对学生普及心理知识，并提出要开展心理咨询教育，促进学生的心理健康。1992年，陈秉公在《思想政治教育学》中也指出思想政治教育的内容应包含心理健康教育。相关学者的观点引起了诸多思想政治教育工作者积极研究心理健康教育，这对早期高校心理健康教育的发展起到了不可或缺的推动作用，同时这也是我国早期心理健康教育工作者有很大一部分是思想政治教师的主要原因。

在高校心理健康教育的探索发展阶段，心理咨询作为西方心理工作的产物引入我国，开始扎根中国大地。作为一种全新的教育方式，其发展取得了令人可喜的成绩。在这一阶段，大学生的心理疾病被意识到，高校开始重视大学生心理健康教育工作。我国教育主管部门对心理健康教育的开展有一定的支持，国家其他政策的颁布对高校心理健康教育的发展起到了间接的推动作用，教育主管部门以及政策的支持对高校心理健康教育的发展具有深刻影响。但在这一阶段，高校心理健康教育在我国的发展尚处于探索与初创阶段，工作随意性大，与之工作相关的心理咨询与服务的政策法规并没有形成，整体的专业、规范水平较低。

2. 快速普及推进阶段（1994—2000年）

1994—2000年是我国高校心理健康教育的普及推进阶段。在这一阶段，我国高校心理健康教育依旧存在一些现实问题，但我国高校心理健康教育在相关政策文件的支持推动下，各方面都有了明显的提升。高校心理工作者和一些心理协会组织的辛勤劳动和奉献，使这一阶段高校心理健康教育工作的开展得到高度重视，心理健康教育工作开始被纳入学校德育工作体系中，为高校心理健康教育的发展指明了方向。

大学生诸多的心理问题引起了我国教育部门的重视，开始从行动上直接表明其对高校心理健康教育的关注，原国家教育委员会主动牵头在各地举办形式多样的心理咨询培训班。1994年5月，教育主管部门在江西师范大学组织举办我国首届高校心理教师咨询培训班，这是高校心理健康教育事业发展进程中，第一次由政府部门组织的培训班，可见我国政府及教育部门对高校心理健康教育工作的重视程度。此次培训班的开展，直接为各地高校培养、输送了一批心理健康教育研究人才，有力地推动了高校心理咨询教师专业素质的提升和心理咨询工作的开展，对其专业发展起了前所未有的推动作用。

1994年，《中共中央关于加强和改进学校德育工作的若干意见》第一次明确使用“心理健康教育”一词，将心理健康教育列入德育工作范围，引导学生从心理上适应社会发展，对学生开展心理健康教育成为实施素质教育的迫切要求，这直接给德育和广大心理健康教育工作者的工作指明了发展方向，即要从“教育层面”展开心理工作，并肯定心理健康教育工作的重要性；同时文件对德育工作者也提出了新要求，即在指导关心学生时通过谈心、咨询的方式进行，这给德育工作者提供了新的工作思路；该文件对心理健康教育工作也提出了明确的要求，对不同年龄阶段学生的心理健康教育需采用多种途径以提高学生承受挫折、适应社会的能力，这与我国进行素质教育的某些目标相一致，是国家全面重视心理健康教育的开始。关于高校教师心理咨询培训班的举行以及《中共中央关于加强和改进学校德育工作的若干意见》的出台，不仅迅速推动我国各类高校纷纷酝酿设立心理咨询机构，还促进了心理健康教育师资力量的提升，更是直接推动我国未来几年高校心理健康教育的飞速发展。

与此同时，中国心理卫生协会及其他心理协会多次举办学术研讨会。1995年7月，中国心理卫生协会医学心理和心理评估专业委员会举办学术年会，交流学术研究成果，在心理卫生方面特别提到要加强对青少年的心理卫生研究。同年8月，心理学教学委员会在北京师范大学举行“面向21世纪心理学教学研讨会”。此次会议得到了国家教育委员会的高度重视，推动了心理学人才的培养。同月，我国高校和中国心理学会联合承办的亚太地区心理学交流会，推动了亚太地区心理学的交流，加强了我国与各国心理学界的合作，为我国心理健康教育事业的发展提供了丰富的先进经验。同年10月，教育心理专业委员会召开研讨会，围绕大学生的心理健康教育等问题进行了热烈讨论。仅一年时间，中国心理卫生协会及分支机构召开172次与心理有关的学术会议，关于大学生心理健康教育的研究与日俱增。我国高校不仅积极参加、承办国际国内心理学术会议，还积极参与国家心理咨询相关的课题研究，出版相关学术著作等。诸多学者将其多年的研究成果出版成书，如樊富珉、胡德辉、蔺桂瑞、汪元宏等纷纷出版大学生心理健康教育方面的图书。这些图书的出版，既普及了大学生心理健康教育知识，又给其他高校心理工作者提供了研究经验。

1995年年底，国家教育委员会修订《中学德育大纲》（教基〔1995〕5号），明确将健康的心理素质、较强的心理调适能力作为德育工作的目标，将心理健康教育作为德育教育内容，并且要对学生做好日常的心理咨询与指导。此文件的出台再一次明确地将心理健康教育纳入德育工作的范围，并将心理健康教育工作变得可操作化、具体化，肯定了对学生实施心理健康教育的重要性。《中共中央关于加强和改进学校德育工作的若干意见》和《中学德育大纲》（教基〔1995〕5号）文件的出台，推动了我国学校心理健康教育工作的迅速发展。其文件草案讨论、修改的过程中，凝结了我国诸多学者的研究成果，例如马建青主持的国家课题“心理咨询与德育”的相关研究成果，其提出的有关建议被采纳。这直接体现了学校心理健康教育现实状况、实践成果影响着教育政策的制定，同时，政策文件内容的要求又推动着学校心理健康教育的快速发展。

在相关政策文件的支持下，我国高校更加重视大学生的心理问题，对大学生的心理健康状况展开普查或者抽查，但调查结果均不尽如人意。某师范院校有心理焦虑倾向的大学生占22%①；某校大学生的心理问题率为15.2%，以抑郁症最为集中②；北京某高校有心理问题的新生占比24.62%，一般心理问题占比36.31%。根据相关调查，高校学生的心理障碍患病比例呈上升趋势，这表明仍需加强对学生心理问题的关注③。

1997年，在各方的努力下，我国学校心理专业委员会成为国际心理专业委员会的成员，方便学习其他国家心理健康教育先进经验，推动我国学校心理健康教育的研究与发展。在此阶段，我国高校与各心理协会联手承办一些国际国内心理学相关会议，许多会议得到了教育部社科基金的经费赞助支持，国家对高校发展心理健康教育事业的支持大大鼓舞了研究者的科研信心。

1998年年底，教育部在推进“跨世纪素质教育工程”中，提出加强和改进德育工作，要对学生实施心理健康教育，提高学生素质水平，再次将心理健康与德育工作结合起来。1999年，中共中央、国务院出台《关于深化教育改革全面推进素质教育的决定》，再一次将心理健康教育置于德育工作中，同时落实在素质教育改革中，把心理健康教育工作置于素质教育的大背景下，引发了人们对高校心理健康教育方向的思考，即高校心理健康教育应该培养学生良好的心理素质，以实现学生的素质全面发展为教育目标，要进一步改变前期为矫治心理疾病而对学生进行心理健康教育的认识。在这一时期，相关文件的颁布，直接推动了各级各部门、各高校加大对心理健康教育的探索力度。

1999年，在北京航空航天大学心理中心的牵头下，建立全国大学生心理咨询网站。网站的建立直接将高校间的心理资源进行整合，以星火燎原之势推动了欠发达地区心理健康教育的发展。同时，我国大学生心理咨询专业委员会在这一阶段举办了3次学术年会，推动全国各地区心理健康教育的发展。

① 黄重．一所师范学校学生心理健康状况的普查［J］．中国心理卫生杂志，1995（1）：43.

② 殷炳江，刘春蕾．2290名大学生EPQ及SCL-90测查分析［J］．中国心理卫生杂志，1996（S1）：116-140.

③ 马建青．我国大学生心理健康10年研究得失探析［J］．中国心理卫生杂志，1998（1）：58-60.

在这一阶段，各高校以及学者都加强了对学生心理问题的研究，各期刊中关于大学生心理健康的研究论文也日渐增多，但同时也反映着一个问题，学生的心理问题存在着愈来愈严重的趋势。

在相关政策文件的推动下，人们对心理健康教育开始有所接受和理解，在探索初创阶段大家广泛使用的“心理咨询”和“心理卫生工作”称谓，也在政策和研究者的推动下渐渐更名为“心理健康教育”，这在我国高校心理健康教育发展进程中具有重大意义。在素质教育改革的推动下，此后的高校心理健康教育在目标上更加注重学生素质全面发展。在这一阶段，国家对高校心理健康教育的名称、归属、工作内容以及途径都有了要求，其发展有了质的飞跃。当然高校心理健康教育作为一个新事物，其发展不是一帆风顺的，仍存在学校不够重视、师资水平不够强、制度保障不强硬等问题。高校心理健康教育发展壮大任重而道远，仍需付出艰苦努力，积极探索。

3. 规范起步提升阶段（2001 年至今）

进入 21 世纪以来，学生的心理问题愈加凸显，高校心理健康教育受到广泛关注和重视。2001 年，教育部印发《关于做好普通高等学校本科学科专业结构调整工作的若干原则意见》，这是教育部出台的第一部专门针对高校心理健康教育的文件。该文件的出台推动高校心理健康教育发生历史性的变化，在高校心理健康教育发展史上具有划时代的意义，标志着高校心理健康教育的发展真正实现了有章可循，标志着高校心理健康教育的发展正式形成由教育主管部门主动牵头推进的局面，标志着高校心理健康教育开始进入规范化发展的阶段。笔者在这里将高校心理健康教育的规范起步提升阶段进一步细分为规范化发展起步阶段（2001—2010 年）和规范化发展提升阶段（2011 年至今）。

（1）规范起步，纳入德育（2001—2010 年）。

认识是行动的先导。高校心理健康教育作为德育工作的一部分，能否有效发挥心理育人功能，关键取决于高校能否认识到对大学生实施心理健康教育的必要性。只有明确对大学生实施心理健康教育的重要性，把心理健康教育摆在高校教育工作的应有位置，才能有效地为大学生的心理健康教育服务，为素质教育服务，为德育工作服务，为 21 世纪的人才竞争服务。虽然很多高校在政府的推动下设立了心理咨询机构，但据统计，在 2001 年北京地区仅有 40%以上的高校正式建立了心理机构[①]。在当时的条件下，历经十几年的探索，已经算发展得不错，但高校对心理健康教育工作的重视程度仍然不够，在资源的分配上自然就给予不到应有的支持，这直接限制心理健康教育独特育人功能的有效发挥，不能适应素质教育改革发展的需要。

---

① 樊富珉．大学生心理健康教育与心理咨询研究［M］．北京：北京航空航天大学出版社，2001.

为解决部分高校对心理健康教育工作的认识不到位、高校间心理健康教育发展不均衡等现实问题，充分发挥心理健康教育独特的育人功能，教育部出台《关于做好普通高等学校本科学科专业结构调整工作的若干原则意见》，通过文件整体、系统地指导高校推进心理健康教育工作。如果说《中共中央关于加强和改进学校德育工作的若干意见》等文件推动高校心理健康教育纳入德育工作，为高校心理健康教育在探索发展中指明了前进方向，那么《关于做好普通高等学校本科学科专业结构调整工作的若干原则意见》的出台就是为高校心理健康教育发展插上腾飞的翅膀。这一文件明确规定了实施高校心理健康教育的理论基础与实践要求，详细阐述了心理健康教育的重要性。文件还指出部分高校开展的心理健康教育得到广大师生的认可与支持，应继续加强心理健康教育，使之适应素质教育发展的需要，在借鉴国内外经验的基础上，继续探索推动高校心理健康教育的发展。最后提出要从德育经费中统筹解决心理健康教育工作经费问题。足够的经费支持能为工作的顺利开展提供物质保障，以此保障心理健康教育工作的顺利开展。

在《关于做好普通高等学校本科学科专业结构调整工作的若干原则意见》的指导推动下，我国高校心理健康教育开始了规范化发展。各高校纷纷加大对心理健康教育的支持力度，开展形式多样的心理健康教育工作。有条件的高校为心理健康教育工作配备相应的硬件设备和软件设施，配备办公场所、咨询活动场所以及心理工作所需专业仪器设备等。同年，中国心理卫生协会召开第七届会议，总结过去经验，展望发展未来，积极探索具有中国特色的心理健康教育，推动高校心理健康教育事业的发展。与此同时，教育部联合高校开始不断加大对心理教师的培养，心理教师的专业水平与职业素养得到很大的提升。2001年，劳动和社会保障部也正式推出《心理咨询师国家职业标准（试行）》，将心理咨询师正式列入《中华人民共和国职业分类大典》中，推动心理健康教育教师的专业化发展。

2002 年 4 月，教育部根据《关于做好普通高等学校本科学科专业结构调整工作的若干原则意见》，印发《普通高等学校大学生心理健康教育工作实施纲要（试行）》，指导心理健康教育工作的开展。该文件对学校心理健康教育的指导思想、内容途径尤其是领导工作方面作了更丰富的补充，并对心理健康教育提出具体、可行的工作路径，力求提升心理健康教育工作的质量。同年 7 月，劳动和社会保障部正式启动心理咨询师职业资格考试，要求心理从业人员持证上岗，没有经过培训考试的人将渐渐退出该项工作，这意味着我国的心理健康教育工作师资队伍建设正式迈向专业化和科学化的发展道路。相对而言，高校心理健康教育工作者的专业水平上有了一定的保障，为大学生进行心理咨询与服务的质量也有了一定的保障。

2003 年，教育部要求学校加强对学生的心理健康教育工作。心理健康教育工作要能够较好地防止学生心理伤害，应注重形成育人合力，发挥多方协同育人功能。同年，为适应社会形势发展需要，全面贯彻党的十六大精神，教育部要求在“两课”中加强心理素质教育，以“两课”为载体，培养良好的道德品质与心理素质，提高学生的身心健康水平。2004年8月，卫生部、教育部等联合发文指出青少年的心理问题以及灾后心理危机问题越发严重，提出要对重点人群以及青少年进行心理健康教育，加强心理健康宣传，同时要为青少年提供心理援助与辅导等。同年10月，出台《中共中央国务院关于进一步加强和改进大学生思想政治教育的意见》，这是第一次将高校心理健康教育寓于思想政治教育的文件，再次指出一些学生心理素质欠佳，要深入实际对大学生开展心理健康教育，帮助大学生成长成才，引导其健康成长，同时要求健全心理咨询机构，配备足额教师。同年，为贯彻落实《关于做好普通高等学校本科学科专业结构调整工作的若干原则意见》和《普通高等学校大学生心理健康教育工作实施纲要（试行）》精神，大学生心理咨询专业委员会召开推动高校心理健康教育专业化发展的主题会议，通过总结经验，互相学习，推动高校心理健康教育的规范化发展。

2005年1月，为贯彻落实《中共中央国务院关于进一步加强和改进大学生思想政治教育的意见》，更好地推动心理健康教育工作的开展，教育部、卫生部、共青团中央联合印发《关于进一步加强和改进大学生心理健康教育的意见》。该文件将高校心理健康教育作为思想政治教育的重要组成部分，指出高校心理健康教育是培养人才的重要途径，要加强心理咨询工作，重视师资队伍的建设，要配备专兼结合的师资队伍；与此同时开始建立多级工作网络，加强对心理危机预防与干预工作建设。同年9月，教育部心理健康教育专家指导委员会指导高校心理健康教育的建设发展。

2006年，教育部提出高校辅导员要具有引导学生养成良好的心理品质的能力，这在一定程度上补充了心理工作者兼职队伍的建设。同年，在《中共中央关于构建社会主义和谐社会若干重大问题的决定》中指出，要注重促进人的心理和谐，加强对人文关怀和心理疏导，同时要加强心理健康教育和保健，健全心理咨询网络等，这在一定程度上唤起社会对心理健康的关注，为高校心理健康教育工作的开展创设了良好的工作氛围。

2007年，大学生心理咨询专业委员会召开第十届学术会议，心理危机干预、网络依赖等成为学者们高度关注的问题，同时学者们丰硕的研究成果也展示了我国高校心理健康教育事业的蓬勃发展。同年，在党的十七大报告中指出要注重对青少年的人文关怀与心理疏导。

2008年，《全国精神卫生工作体系发展指导纲要》提出要将学生心理健康教育、预防学生心理和行为问题工作纳入学校日常工作计划，指明学生心理工作的重要性，推动各高校积极探索心理健康教育工作。

2010年，《国家中长期教育改革和发展规划纲要（2010—2020年）》明确提出要加强心理健康教育，高校应建立心理健康教育课程以及危机干预体系。其他如关于精神卫生工作、高校学生准则、就业等方面的文件也都侧面强调要加强对大学生的心理健康教育，提高学生的心理健康水平。可以说，整个国家对心理健康教育的重视程度越来越高。在2005年以后5年中，没有关于高校心理健康教育的专项政策出台推动其规范化发展，但在精神卫生工作以及国家发展规划中都提出要重视心理健康，从整体的社会环境中营造重视心理健康的氛围，为高校心理健康教育工作的开展赢得社会的支持与协作。

这一阶段，我国教育主管部门出台的相关政策文件，明确了进行心理健康教育的具体要求，指明高校心理健康教育的发展方向，为高校心理健康教育规范化发展提供了有力的政策扶持和制度保障。

（2）规范提升，心理育人（2011年至今）。

如果说在规范起步阶段，高校心理健康教育纳入思想政治教育阶段是为其发展指明方向，那么规范提升阶段厘清心理健康教育始终是高校思想政治教育的重要组成部分，即在于为其规范化发展确定方向。2011年，为推进心理健康教育规范化发展，教育部印发《普通高等学校学生心理健康教育工作基本建设标准（试行）》，将高校心理健康教育的地位进一步拔高，置于国家强国、教育改革层面。文件对高校心理健康教育的七个方面进行了详细的规划建设，较以往的文件更加细节、具体，并且在课程建设和危机干预方面也有了相应的要求，要求建立心理危机预防干预体系。同年，教育部又出台《普通高等学校学生心理健康教育课程教学基本要求》，对心理健康教育课程建设的目标、内容、方法等作出更加具体的要求。这两份文件的出台为高校心理健康教育具体工作的开展提供了具体、规范的操作建设标准，推动了其科学化、规范化发展建设水平迅速提升。同年，全国教育工作会议指出，要重视心理健康教育，把心理健康教育作为培育时代新人的重要内容，把对学生的心理关怀与疏导贯穿于思想政治教育工作中，促进学生的心理健康发展。

《普通高等学校学生心理健康教育工作基本建设标准（试行）》不管是在体制机制建设、师资队伍建设、教学活动建设上，还是在心理咨询与危机干预体系建设上，都为心理健康教育各方面的发展提供了明确的制度标准。在以三级网络体系为基础的育人机制下，各高校开始探索四级网络体系的育人工作机制，高校心理育人网络体系也越来越完善。学校领导层面也越来越关注学生的心理健康状况，心理教师的专业水平得到重视，大部分高校在此阶段都开始定期对教师进行培训督导，促进教师专业水平的提升，推动教师专业化成长。

2012年，教育部在《关于全面提高高等教育质量的若干意见》中提出要推动高校关注学生的身心健康状况，设立为学生服务的心理健康教育机构。同年，在党的十八大报告中，首次提出要加强社会心理服务体系建设，从社会层面重视心理健康服务。2015年，在

“十三五”规划中再次提出社会心理服务体系。社会心理服务体系的建设为高校心理健康教育工作的开展提供了社会支持力量，增进了大家对心理健康教育工作的认识。2016 年，《“健康中国 2030”规划纲要》将心理健康服务提升到国家发展的战略地位，强化心理健康服务体系建设。同年，22 部门印发《关于加强心理健康服务的指导意见》，要求各部门各司其职推动心理健康教育的发展，联动社会各界力量共同育人方面。这是首个提出加强心理健康服务的专项文件，有效促进了社会心理健康服务体系构建，推动了高校心理健康教育工作的开展。2017 年，在党的十九大报告中再次提出加强社会心理服务体系建设。同年，国家取消对心理咨询师的认证，此举标志着我国心理健康教育师资队伍的建设从专业发展走向更加严格、规范、专业的发展。同时，为贯彻落实《“健康中国 2030”规划纲要》，教育部出台《普通高等学校健康教育指导纲要》，指出要重视心理健康教育。2018 年，为贯彻落实推进心理育人工作以及加强社会心理服务体系建设，教育部党组印发《高等学校学生心理健康教育指导纲要》，提出“育心育德相统一”的思想以及“四位一体”的工作格局。该纲要可以看作对《普通高等学校学生心理健康教育工作基本建设标准（试行）》的深化与提升，对高校心理健康教育各方面的要求更加具体、可操作化。2021 年，教育部为提高心理工作针对性和有效性，出台《关于加强学生心理健康管理工作的通知》，旨在提高学生的心理健康素养。在政策的指导下，我国高校心理健康教育职责的范围、重点也都更加明确，高校心理健康教育的硬件设施、软件设施也进一步得到保障，高校心理健康教育各方面发展更加科学、规范。至此，我国高校心理健康教育的发展发生了由量到质的规范提升。

高校心理健康教育发展离不开国家教育政策、制度的支持，正是国家一系列政策文件的支持，推动了高校心理健康教育由量到质的规范提升。规范化发展不仅体现在硬件设施、软件设施、人力资源的发展，更体现在其定位属性上明确的发展。心理健康教育定位属性的明确，是其规范化发展的根本。

在高校心理健康教育发展历程中，国家政策的支持与现实的问题推动高校心理健康教育进行发展与探索。与此同时，高校心理健康教育在探索和开展中所存在的问题与大学生的心理问题也促使我国教育部门不断地研究和制定文件解决各类问题。解决发展过程中出现的问题与高校实践的探索以及国家政策的支持是一个多向互动的过程，是彼此相互促进发展的过程。虽然高校心理健康教育在探索发展的过程取得较大成就，规范化水平也越来越高，但其在规范化发展中仍存在较多的问题，笔者会在后面的章节中详述高校心理健康教育规范化发展进程中存在的问题，并提出相应的对策建议，以期有效发挥心理健康教育独特的育人作用。

二、大学生心理健康教育相关内容

（一）大学生心理健康教育的主要内容

1. 大学生心理健康意识的培育

行为受意识的指导，大学生心理健康受意识的影响，心理健康更多体现在大学生自我认同、自我价值、个体对环境的调适等具体情境之中。目前，我国高校大学生普遍存在无法全面准确认识、了解自我的现象，大都缺乏心理健康意识的培育，导致其在面对生活学业等压力时出现心理问题。特别是在面对人际交往困惑时无法调适自己，容易出现极端、焦躁、抑郁、自卑心理，无法正确地评价自己，无法良好地适应环境变化。互联网快速发展带来的成长挑战，更要求大学生需要做好心理健康意识的培养，在互联网社交中关注自身思想意识的培育，进行自我教育、自我调适，不断进行自我完善。

2. 大学生心理健康知识普及与素质提升

课堂是知识传授的主要场所，大学生心理健康教育的实践工作需要借助课堂主渠道进行知识的传授。现代社会发展需要高校学科建设融合心理健康教育内容，高校科学设置大学生心理健康教育专业、课程，采用学科建设的方式强化大学生心理健康教育。教师在课堂中对心理学知识进行讲述，普及心理健康知识，在专业学科知识中融入心理学的内容，与大学生开展沟通交流，对他们出现的心理问题加以分析，引导他们运用心理健康知识应对和解决问题。高校开展丰富的心理健康社团活动，借助团队、讲座、学术交流、宣传等方式开展心理健康知识的普及与交流，向大学生系统性地阐述心理健康知识，让他们能够加深对心理健康知识的了解，提高他们自我调节的能力，帮助他们排解消极情绪，促进他们心理素质的提升。

3. 大学生心理困扰的调适与疏导

大学生存在心理困扰是普遍现象，大学生学业困难、经济困难、就业竞争压力、人际情感纠葛等问题都会带来一定的心理压力，甚至产生较高的心理阻抗。高校建立心理健康咨询中心，开展大学生心理困扰的调适与疏导，能够及时对大学生出现的心理困扰进行疏导与帮助。心理疏导不只是简单地进行知识讲座，提高理论化心理知识、信息，更是倾心的社交性谈话。心理疏导不是上级对下级的了解情况、教导，不是为大学生进行逻辑分析、忠告以及建议，不是为大学生解决特定的问题，更不是批评与指责。大学生心理困扰的调适与疏导是借助心理辅导的方式方法，有效帮助大学生寻找自己的定位、方向，在潜移默化中润物无声地帮助大学生从更多的方面考虑问题，发展自我认识能力、社交人际关系调节能力以及对学习生活环境的适应能力等。

4. 大学生心理疾患的预警与应急

大学生自杀问题已引起社会广泛关注，多数大学生自杀事件的诱因是一些突发性事件。面对一些成长发展中的困惑时，有些大学生无法有效地调适与处理，会产生走极端的想法。大学生心理疾患问题已经成为影响大学生全面发展的重要因素，心理健康教育工作应建立学生心理疾患的预警与应急机制。高校应借助建立学生心理问题预警与应急预案制度，在新生入学时建立心理健康档案，采用心理健康测试方式，有针对性地开展心理健康的跟踪与定期的心理干预。班主任和辅导员应与大学生进行积极沟通，针对心理异常大学生建立特别档案，采用重点管理的方式，做好心理疾患的预警工作。高校应建立大学生心理疾患异常的情况报告制度，按照国家相关部门制定的《突发公共卫生事件应急条例》的规定，对于突发的事件需要建立应急处置的流程、责任主体、善后处理机制等，针对大学生出现的因心理问题而导致的突发事件，需要及时地反应与有效处置。

（二）大学生心理健康教育的主要载体

1. 心理健康教育课程

课堂教学是大学生获取心理健康知识的主要渠道，高校应开设必要的大学生心理健康教育课程，以公共必修课的形式，采用专题教学、实践教学等方式，通过专业教师进行心理健康知识的讲述，让大学生对心理健康的重要性等有全面的了解，帮助大学生正确地理解以及关注自身的心理健康状况。2020 年国家卫生健康委员会颁布的《探索抑郁症防治特色服务工作方案》中，明确要求关注人们的精神健康问题，并要求到 2022 年学生对心理疾病的防治知识知晓率应达到 85%，明确规定高校必须设置心理健康教育课程，聘请专业的人员为学生授课，并向学生普及抑郁症等相关心理学知识。同时，高校还应结合心理健康教育课程的教育教学，并针对社会大环境的变化，将课堂教学与社会时事热点结合，将专业课程与心理健康教育、社会热点结合起来，提高大学生心理健康教育的针对性和实效性。

2. 大学生心理咨询中心

《探索抑郁症防治特色服务工作方案》中明确要求高校应成立大学生心理咨询中心，配置心理健康教育教师，并建立学生心理健康档案；为大学生群体提供心理咨询服务，并且组织大学生积极参与多种形式的心理健康教育与咨询学术交流会。心理咨询中心的主要工作任务是为大学生进行心理健康服务，有心理咨询、心理辅导、心理普查、心理干预、新生环境适应、团体辅导等工作，并与各个院系的辅导员加强工作联动。心理咨询中心通过与辅导员、班主任合作的方式进行心理健康宣传，可以让更多的大学生关注自身心理问题，提升心理自省意识。大学生心理咨询中心设置有预约接待室、咨询室、沙盘治疗室、情绪宣泄室等，能够帮助大学生排解心理情绪问题，调适心理状态，并助力形成健全的人格。

3. 大学生心理健康活动社团

大学生社团是在高校团学组织的有效领导下，由大学生形成的自治性的团体。大学生社团以大学生为主体，自我管理、自我教育、自我发展，反映大学生的意愿。高校组建大学生心理健康教育社团能够承担心理健康教育的部分任务与内容，社团开展的活动由大学生根据社团成员的需求自主决定，能够紧跟时代以及大学生的需求进行主题的选择，反映大学生的心理问题以及诉求，紧扣当前心理健康教育的现实需求。社团的主要宗旨是为大学生心理健康教育服务，通过吸纳心理学专业或者是喜爱心理学的大学生加入社团，更好地在校园中宣传心理健康知识。采用社团活动宣传的方式，提高大学生的心理专业知识；同时，能够利用社团成员的心理学知识，实现“于内助己，于外助人”的目的。

（三）大学生心理健康教育的基本原则

1. 坚持心理健康教育与思想政治教育相结合

心理健康教育与思想政治教育在育人根本目的上具有一致性，大学生的全面发展是高校教育的根本宗旨，帮助高校大学生塑造健全的人格与良好的道德品质，是二者的重要目的。《中共中央国务院关于进一步加强和改进大学生思想政治教育的意见》中提出思想政治教育需要与心理健康教育结合，帮助大学生树立正确的人生理想与信念，促进大学生的健全人格形成。在社会快速发展变化的环境下，大学生出现心理压力、抑郁、焦虑、自卑等心理问题时，借助思想政治教育的方式，可以有效帮助大学生以科学的世界观认识世界、以正确的人生观定位自我、以正确的价值观调适自我与环境的关系。

2. 坚持普及教育与个别咨询相结合

马克思主义辩证法认为矛盾具有普遍性与特殊性，大学生心理健康问题具有共性特点，但是在不同的个体身上凸显不同的问题，又具有高度的特殊性。高校大学生心理健康教育需要坚持共性与个性的辩证思维，在普及教育上需要普及心理健康知识理论，在个别咨询上需要关注存在心理健康问题的大学生特性，针对心理疾患的大学生，采用个别咨询、重点关怀的方式，帮助其走出困境。

3. 坚持课堂教学与课外活动相结合

理论来源于实践，实践能够丰富与发展理论；理论又指导实践，思想是行动的先导。高校第一课堂是大学生理论学习的主要场所，高校第二课堂是拓展大学生素质与提高大学生能力的重要途径与手段。课堂教学与课外活动结合的方法运用到大学生心理健康教育中，能够帮助大学生更好地实践心理健康理论知识，将抽象的理论转变为具象化的实践；大学生能够在课外的实践活动中更好地了解心理健康知识，领悟心理健康教育原理。以理论指导实践，在课堂教学中融入课外活动体验，能丰富心理健康教育的教学形式，提高大学生心理健康教育的质量与效果。

4. 坚持咨询与自助相结合

外因与内因共同推动事物的发展，外因通过内因发生作用，其中内因起决定性的作用。“我国关于高校大学生心理健康教育的研究成果较多，且已经总结归纳出当前心理健康比较突出的问题，部分学者也制定了适合中国大学生实际的大学生心理问题测评量表，能够帮助大学生进行自我的诊断。”① 采用咨询与自助相结合的方式，将外在的咨询疏导、帮助与内在的自我调适、测评结合，能够更加准确地了解自我、了解自己的心理问题，增强心理问题求助意识，有利于有针对性地开展心理健康教育活动。

5. 坚持知识学习与能力培养相结合

知识学习能够帮助大学生掌握心理健康的相关理论体系，能够形成方法论指导大学生进行心理调适行动。高校大学生心理健康教育需要坚持知识学习与能力培养相结合的原则，在心理健康教育中需要关注大学生心理学知识的掌握，同时也要培养大学生运用心理调适的能力，提升大学生自我情绪的调节与管理能力，养成培育健全人格的自知意识。

6. 坚持解决心理问题与解决实际问题相结合

高校教学工作中要求培育全面发展的高素质人才，大学生的心理问题在很多情况下是来源于实际的问题，如成长环境、不同文化差异、边疆地区经济差异、家庭矛盾、考试等学业压力、就业压力、个人情感与社交问题等，都会直接影响到大学生的心理变化。坚持解决心理问题与解决实际问题结合的方式，以实际的心理问题诱因为引导，帮助大学生剖析自我、分析自我，找寻到问题的根源，通过解决这些实际的问题来帮助大学生心理健康问题的疏导与解决。

7. 坚持咨询与干预相结合

高校大学生心理健康问题的解决过程中容易出现注重咨询、忽视干预的问题，主要在于高校缺乏专业心理健康咨询与干预队伍，缺乏专业化的人员进行心理疏导、心理干预，不利于大学生有效应对心理健康问题。坚持咨询与干预结合的方式，能够从咨询中发现问题，并且建立心理健康档案，有针对性地制订干预的方案，追踪、了解大学生心理问题产生的根源，及时做好干预措施，高效率、高质量地进行心理辅导，帮助大学生缓解内在的压力，传授调适心理问题的方法，减少心理问题，有效避免心理问题的进一步恶化。

8. 坚持工作实践与理论研究相结合

大学生心理健康教育工作实践需要在理论指导下开展，以理论来指导工作实践，防止

① 刘凤影．高校辅导员激励机制研究［D］．哈尔滨：哈尔滨师范大学，2015.

实践方案脱离科学性、合理性。同时，大学生心理健康教育还是一个复杂的综合性系统化工程，需要不断地在工作实践中吸取工作经验，总结出共性的、普遍性的心理问题发展规律，形成完善的心理健康教育理论，将心理问题在心理健康理论上寻找支持，并有效地指导心理健康教育工作实践。

（四）大学生心理健康教育的价值

1. 心理育人的创新价值

创新是中华民族历久弥新的宝贵精神，是教育事业发展与变革的有力精神支撑。对于心理育人而言，教育创新是进行新时代心理育人改革的重要途径，是推动新时代心理育人发展的重要形式，也是提升新时代心理育人质量的必然要求。新时代的心理育人应顺应社会发展，改变教育观念，更新教育内容，创新教育方法，完善高等人才培养新模式，体现出创新价值，培养出全面发展的社会主义建设者和接班人。

新时代大学生心理健康教育评价研究过程中也要注意创新价值的实现，通过评价不断激励、促进心理育人的自我完善，力求评价过程中的创新价值取向的实现。新时代大学生心理健康教育评价本质就是一种价值判断，是促使心理育人不断创新的手段。通过评价对心理育人进行分析与判断，引导改善现存不足，从而突出大学生的主体地位，鼓励大学生的独立思考能力；不断改善教学方式，倡导教学相长、学术自由的开放式教育；保持师生的创新积极性，实现宽松民主、自律自由的和谐氛围。总而言之，在大学生心理健康教育评价研究中实现心理育人的创新是符合心理健康教育规律的必然之举，也是其价值取向所在。

2. “心育”与“德育”的融合价值

“心育”作为多学科交叉的边缘性学科，贯穿于德智体美劳“五育”之中，和“五育”关系密切，是教育系统中不可或缺的一部分。新时代的中国要实现高等教育质量的提升，大学生心理健康教育是基础，任何教育的实施都要基于心理的形成和发展规律，心理健康教育学科的价值不容忽视。心理健康教育与道德教育同属于思想政治教育大系统中的重要组成部分，要做好大学生心理健康教育评价研究，就要认识到特定社会历史条件下的高校思想政治教育及其质量评价应坚持一定的目的方向性。大学生心理健康教育的核心在于以人为本，提升人的生命价值，而大学生道德教育的核心是为了提高道德素质，培养具有社会主义觉悟的接班人，大学生心理健康教育学科与道德教育学科存在交叉，道德教育要以心理健康教育为前提，同时无论是心理健康教育还是其质量评价，都不能脱离坚持道德培养的教育方针。

秉持“心育”与“德育”相结合的价值观，就是在评价过程中既要坚持心理健康教育“以人为本”的学科价值观，又要有意识地培养“以德为先”的德育学科价值观。大学生心理健康教育一直以来都与德育关系密切，有着互为补充的作用。在大学生心理健康教育评价体系的构建中应坚持立德树人的价值观，有意识地将培养“有道德”的人作为重要的评价价值取向，在心理育人大框架下，在构建大学生心理健康教育评价体系的价值取向过程中绝不可脱离对德育的学科价值的把握。

3. 大学生心理健康教育的实践价值

大学生心理健康教育学科的发展是人类经过不断实践，进行反思领悟然后在实践中继续进行完善的。大学生心理健康教育发展需要有丰富的理论知识作为学科基础，但大学生心理健康教育的具体价值最终还是需要在实践过程中才能够不断地体现出来。大学生心理健康教育实践能够有效促进理论知识的进步，能够及时对现有理论价值进行反馈，“以人为本”教育宗旨的提出就是经过无数的实践提出的核心理念。同时，大学生心理健康教育是一种人文社会关怀，大学生心理健康教育理论知识落实于实践才能够做到坚定大学生理想信念，对大学生心理素质以及社会发展起到积极作用。大学生心理健康教育发展需要与时代发展保持同步，必须经过反复实践才能够被时代所认同。

（五）大学生心理健康教育的理论依据

1. 马克思主义人的全面发展理论

人的全面发展理论的诞生丰富了历史唯物主义思想。马克思、恩格斯创立的人的全面发展贯穿于人的能力与意识的形成和发展的全过程，马克思、恩格斯提出人的全面发展实际上是“全面发展其才能”，不仅是指向道德、智力、情操和体力等方面得以发展，更是强调人的一切才能——能力、素质和个性取得自由的、全面的发展，促进人在社会当中实现社会活动、服务、职业生涯，成就完整的自我。马克思、恩格斯在《德意志意识形态》中明确指出：“人们只有在社会中并通过社会来获得他们自己的发展。”① 马克思、恩格斯认为人的全面发展理论的表现可以归纳于人的体力和智力的全面发展、社会关系的全面发展、人的需求的全面发展、个体与社会的统一全面发展。人与社会的发展实现个体本身的发展，促进人与社会的稳定发展。人与社会环境是紧密联系着的，既是相互依存，又是相互制约的。人的发展是在社会关系中实现的。“由于一切个人都是生活于一定历史阶段的一定物质生活关系中，因而人的本质就不是单个所固有的抽象物，而是一定社会经济形式之下的各种社会关系的综合。”② 人在一定的社会环境中才能存在，并创造价值。所以，把单个的人放在一定的社会环境中，才能发掘人的存在意义和价值。这里说的社会环境会有不同的社会关系，可能是正面的、积极的、阳光的，也可能是负面的、消极的、堕落的。这些社会关系是人的发展的决定性因素。

① 马克思，恩格斯．马克思恩格斯文集［M］．北京：人民出版社，2009.

② 马克思，恩格斯．马克思恩格斯选集（第一卷）［M］．北京：人民出版社，2012.

把握人的本质是理解马克思主义人的全面发展理论的前提，马克思主义认为："人以一种全面的方式，也就是说，作为一个完整的人，占有自己的全面体质。"① 人是发展的主体，对于高校大学生而言，充分掌握教育主体的本质、特征和需求是至关重要的。指导学生正确地认识自身的优缺点，提升社会活力，把握大学四年的关键时期，不满足于单方面的优点，更应该注重思想、人格、心理、情感、实践技能以及专业能力等多方面的培育，通过参加实践，发现自我潜能，让个人能力提升速度达到最快、最佳的状态。马克思主义人的全面发展理论为大学生心理健康教育研究提供了坚定的理论基础，高校心理健康教育应自觉运用马克思主义人的全面发展理论，以坚定工作的指导方向。

2. 马斯洛需求层次理论

亚伯拉罕·马斯洛是美国著名心理学家，他在《动机与人格》中阐述了需求层次理论。认为人的需求主要包含人的生理需求、安全需求、情感需求、爱的需求和自我实现的需求。这五个需求是按人的需求由低到高依次排序的，所谓的"由低到高"是指人的需求从生理需求开始逐步逐级被满足，低需求水平未得到满足时，后面的需求是无法得以满足的。自我实现是一个人已经满足生理、安全、情感、爱的需求之上的高水准发展状态。马斯洛认为："自我实现可以归入人对于自我发挥和完成的欲望，也就是一种使他的潜力得以实现的倾向。"② 此理论强调了人的需求在人的发展和成长过程中的关键性和决定性作用，而且此理论中的五个层次是有关联、依次支撑的，这遵循了人的发展规律。这五层需求经常是通过金字塔的形式出现。底层是安全需求，分布多而扎实，也意味着可以得以满足的人很多，是维持个体生存的基本需求。生理需求以后，安全、情感、爱和自我实现的需求越往上走越难以满足，自我实现的人可以用"寥寥无几"来形容。自我实现的人平常被作为榜样和学习力量来描述和宣传。五个层次的关系不是相互循环的关系，而是相互重合的关系，是彼此启迪、相互成就的关系。

马斯洛需求层次理论为高校心理健康教育提供了一个系统的理论支撑，它启示我们在大学生心理健康教育工作中，应坚持"以生为本"，充分认识大学生的情感体验，尊重大学生成长过程中不同层次的需求，在大学生相互融入的大环境中激发他们的主观能动性，在充满关爱和尊重的人文环境中进行情感互动和思想交流。遵循大学生的成长规律，构建平等、民主、和谐的校园环境，让他们充分感受安全感，建立"师生互动、家校互联、学友互学"的多方联动、协调配合的和谐环境，让他们得到心理和思想的成长。培养大学生养成良好的自我意识，提高自我调节和自我教育的能力，激发大学生最大的潜能，通过思想提升和健康人格塑造，助力大学生自我实现。

---

① 马克思，恩格斯．马克思恩格斯全集（第42卷）［M］．北京：人民出版社，1979.

② 马斯洛．动机与人格［M］．许金声，等译．北京：华夏出版社，1987.

（六）加强大学生心理健康教育的重要性

大学生心理健康教育是从人生观、价值观层面围绕“心理”问题展开的，它是触及人心灵深处的教育，其重要性可想而知。

第一，全面推进素质教育需要进行大学生心理健康教育。健全的人格、良好的心理素质是推进素质教育的题中之义，它既是素质教育组成的重要因素，也是实施素质教育的前提、基础。十年育树，百年育人。尤其是在当下科学技术迅猛发展的大背景下，表面看起来各国竞争的是科学技术，归根结底是人才的竞争，谁有高素质、高质量的人才资源，谁就掌握了主动权。素质教育的成效与大学生的心理健康水平是密不可分的，无论什么形式的素质教育，个体心理的消化、吸收是最关键的因素，从而组成个体的心理结构，去支配其思想和行为。由此可见，国家重视大学生心理健康教育、高校开展心理健康教育旨在大学生能够形成、发展健全的人格。

第二，大学生的健康成长需要大学生心理健康教育。大学是大学生学习、生活的主要场所，适应大学生活是大学生面临的第一个难题，入了大学校园以后，种种原因会使一些大学生出现各种不良适应心态。通过大学生心理健康教育可以帮助学生顺利地度过这段过渡期，更好地适应大学生活，从而开始自己新的人生旅途。

第三，大学生心理健康教育是大学生社会化的重要手段。大学生不可能永远待在校园里，他们终要走出校园，进入社会，而大学校园就为大学生搭起了一座通往社会的桥梁。大学生在这里除了学习科学文化知识，还要完成社会化的任务，这就更需要高校教育工作者的正确引导和教育，而心理健康教育又是其中较为有效的手段。不断加强、完善大学生心理健康教育，促进大学生心理素质的提高，是有利于顺利完成社会化的。

第三节　大学生心理健康教育的未来发展趋势

一、积极心理学在大学生心理健康教育中的应用前景

积极心理学在大学生心理健康教育中具有广阔的应用前景。该理论的核心是促进个体在认知、情感和行为上的积极发展，而非仅仅关注病理状态的消除。在高等教育背景下，积极心理学可以通过多种机制来培养大学生的心理素质，增进其幸福感。

通过引入积极心理学理论，教育者能够更有效地设计和实施以学生为中心的课程，涵盖自信心、乐观情绪、韧性等积极心态的培养。通过工作坊、讲座、互动体验式学习等形式，学生可以学习如何发现并利用自身优势提升自我效能感，从而在面对压力和挑战时能够展现出更佳的适应性和创造力。

积极心理学鼓励学生积极参与社群活动，促进社会支持网络的构建，这对缓解孤独感、焦虑和抑郁症状至关重要。例如，志愿服务、兴趣小组等活动能够给学生带来正面的社会经验和增强社会责任感，有助于他们建立起积极的人际关系网。

更进一步，积极心理学还着重于个体的目标设定和未来规划能力。通过目标管理工作坊和职业规划课程，学生可以更清晰地规划职业路径，以积极的态度面对未来的不确定性。积极心理学教育同样注重培养学生的情绪调节能力。通过情绪管理技巧的学习和实践，学生能更好地处理人际关系和应对生活中的各种压力。

随着互联网技术和移动应用的飞速发展，积极心理学的教学和干预可以获得更多创新的途径。线上心理健康课程、App 和互动平台的应用，为教育实现个性化、智能化和便捷化提供了可能。数字化工具的普及不仅能够拓展教育的覆盖面，还能提供实时反馈和持续支持，使积极心理学的干预效果更加深入和持久。

从长远来看，积极心理学的深入研究和实践将有助于构建一个更为健全和完善的大学生心理健康教育体系。通过持续的优化和创新，能够为大学生提供一个支持他们全面发展的教育环境，让他们在未来的学习和生活中能保持积极向上的心态。

二、大数据与人工智能技术在大学生心理健康教育中的应用

随着信息技术的飞速发展，大数据与人工智能技术已经逐渐渗透心理健康教育领域中，尤其在大学生群体中表现出独特的应用优势。具体来讲，大数据技术能够通过收集和分析大学生在学习、生活中的数字足迹，如社交媒体行为、学习成绩和参与课外活动的情况等，帮助教育工作者更准确地了解大学生的心理健康状态。

利用人工智能算法分析大学生的学习行为和生活习惯，可以及时发现其心理健康问题的隐患，并根据分析结果提出个性化的干预建议。例如，通过智能分析系统检测某个大学生长时间在线学习时间减少、社交互动频率降低，自动触发心理健康危机预警，引起心理咨询师的注意，从而安排相应的辅导与干预。

大数据分析不仅局限于问题识别与预警，还可以对教学内容和活动进行优化。结合人工智能技术，高校能通过分析大学生的学习习惯和心理特点，设计出更适应大学生需要的心理健康课程和活动。例如，个性化学习系统根据不同学生的性格和兴趣选择合适的心理健康主题和活动，使其更加投入和受益。

除此之外，人工智能辅助下的心理咨询服务已经在一些高校展开试点。特定算法支持的聊天机器人能够提供初步的情绪支持和心理咨询，对于部分羞于表达的大学生来说，这种匿名且随时可得的服务，可以起到缓冲压力、为进一步的专业咨询作铺垫的作用。

总而言之，大数据和人工智能技术为大学生心理健康教育带来了全新的手段和视角。

通过这些技术的应用，不仅可以实现对大学生心理状态的细致洞察和即时反应，还能在教育内容和方法上做到精准化和个性化，显著提高教育的效率和效果。未来，随着相关技术的进一步发展，这一领域有望得到更广泛的探索和应用。

三、跨学科合作与综合治理模式的推进

跨学科合作对于大学生心理健康的促进作用不容忽视。通过整合不同学科的资源和专业知识，可以构建一个更加全面和深入的心理健康教育和干预模式。具体而言，积极心理学与教育学、心理学、社会学、医学等多学科领域的密切结合，有助于从理论和实践层面更深入地理解大学生的心理健康需求，从而提出更有效的教育和支持策略。

在实施跨学科合作的过程中，应重视建立起各相关学科专家组成的工作团队，同时要加强数据共享和信息交流。例如，心理学专家负责深入分析大学生心理状态和需求，教育学者则关注如何将这些研究成果转化为具体的教育策略，医学专家则为存在心理健康问题的大学生提供必要的辅助和治疗；此外，社会学专家在理解大学生心理健康状态在社会文化环境中的影响方面起着至关重要的作用。

综合治理模式的推进是通过政策与制度层面来保障跨学科合作的有效实施。教育主管部门和高校管理层应为跨学科合作提供政策支持和资金投入，同时鼓励不同部门和学科间的资源共享。在制度上，建立有利于跨学科合作的激励与评价机制，为专业人才的投入和创新研究提供持续动力。

针对大学生心理健康教育实践中的具体情况，跨学科团队还需要关注大学生个性化需求，设计有针对性的干预计划。例如，通过与大学生生活密切相关的体育学、营养学等其他学科合作，为大学生提供全方位的生活指导和心理支持，这能够增强大学生自我管理的能力，从而有力地提升心理健康水平。

跨学科合作与综合治理模式的推进对于优化和提升大学生心理健康教育至关重要。通过深化跨学科交流与协作，实现心理健康教育策略的创新与实践的有效结合，能够促进大学生的健康成长和全面发展。

第二章　积极心理学视角下的大学生心理健康教育现状

在现代社会环境中，学业、生活、情感、就业等现实问题都直接影响着大学生心理健康发展。当前高校对大学生的心理健康教育主要以传统心理学为主，但积极心理学更有助于大学生建立积极的心态。下面以积极心理学视角审视当前大学生心理健康教育的不足，分析积极心理学对大学生心理健康教育的作用。

第一节　大学生心理健康教育现状及发展分析

一、大学生心理健康教育发展现状

（一）大学生心理健康教育成效显著

一直以来，政府和其他社会组织越来越重视大学生心理健康教育，对其工作的顺利开展发挥了良好的引导和推动作用，大学生心理健康教育在各方面取得了一定成果。随着相关法律法规及文件的不断出台，政府在政策、人力、物力、财力等各方面都对大学生心理健康教育提供了有力的支持和帮助。目前，不少高校都成立了高校心理咨询和教育机构，随着财力、物力资源的源源不断投入，无论是高校心理健康教育课堂环境还是心理咨询与辅导环境和条件都有了明显的提高和改善，各种丰富多彩的心理健康教育活动、心理健康讲座、沙龙等也在高校里面积极地开展。不难发现，大学生心理咨询和教育机构也逐渐进入良性的发展轨道。高校心理健康教育工作的实施方式越来越规范化，也更加科学化、人文化。随着信息时代的到来，咨询方式不再局限于面对面的交谈和沟通，电话咨询和网络咨询也逐渐得到了广泛的普及和运用，咨询的反馈也更加准确和及时。高校逐渐培养出专业技术过硬、知识储备充足并有丰富经验的骨干队伍，渐渐形成了以学校心理咨询为主阵地、以心理健康教育课程教学为主渠道、以朋辈辅导队伍为主力军的网格化工作格局。目前的高校心理健康教育体系采取发展与教育并重的教育体系和模式，在整个实施过程中让心理健康教育知识得到逐步渗透，整体而言是值得肯定和推广的。

（二）大学生心理健康教育存在误区

然而，在肯定快速发展的高校心理健康教育带来的成效和经验的同时，我们不难发现目前的高校心理健康教育存在着不可忽视的误区和偏差，大学生心理健康教育的整体水平还需要进一步提高。传统的消极心理学理论主要以研究人类心理问题、心理疾病诊断与治疗为中心，缺乏对人类积极品质的研究。为此，当下大学生心理健康教育在这些理论的影响下，存在一些误区和认识上的偏差。例如，过度重视大学生自杀预防教育，关注消极、病态特别是自杀。大学生心理健康教育虽然具有预防自杀行为的功能，但不应该将其仅仅局限于自杀预防上。重视大学生心理问题矫正，把学校有限的心理健康教育资源集中在少数有心理问题的大学生身上，对于绝大多数心理正常的大学生如何提高心理素质，对于如何使心态积极健康的大学生变得更优秀则很少有人谈及，更没有具体的做法和措施。由于消极心理学理论的影响，大学生接触到的心理健康教育知识多为消极的，比如什么是心理问题、精神病、神经病，如何预防这些心理问题与心理疾病等，使他们误以为心理健康教育就是帮助学生预防精神和心理疾病，有心理问题的学生才接受心理咨询与辅导；同时对学生造成消极心理暗示，学习或对照心理问题、神经病等标准给自己贴标签，总是在想自己如何能够避免出现心理问题，对如何培养积极的心理品质、开发自己的心理潜能、提高自己的积极心理素质缺乏足够的关注。目前，大学生心理健康教育工作的目标还没有真正地实现，大学生的心理健康水平和自身的心理素质都还有待提高。

二、影响大学生心理健康的因素

（一）认知能力影响心理健康

认知能力是指人们掌握事物基本规律的能力，包括事物的构成、表达以及与其他事物之间的关系。具备一定的认知能力，需要观察能力较强，具有对事物的敏感性、良好的记忆力和较强的思维能力，能够保持专注并适当地转移和分配任务。认知能力主要表现在两个方面，即学习知识和运用知识解决问题。因此，有必要确保学习方法正常有效，才能取得良好的学习成果。然而，认为一名学生成绩不好是由于缺乏认知能力是错误的，因为经验不足和缺乏扎实的基础知识对认知能力会产生影响。

（二）情绪影响心理健康

学生的情绪维持稳定状态，需要持有快乐态度。心理健康的人行为正常，情绪更积极，更有可能感到幸福、快乐，也更加满足。当遇到消极的事情时，他们也是积极的，并保持乐观的状态。如果一个人不断陷入负面情绪，无法自拔，就是一种不健康的心态。一个心理健康的人总是能够保持稳定的情绪状态并作出适当的反应。

（三）意志品质影响心理健康

高校大学生保持健康的心理状态，必须制定合理的学习目标和生活目标，对实现目标有坚定的信念，并有自觉行动的能力。从行为角度来看，心理健康的人非常果断，有很强的自我控制能力、坚忍的个性和很强的毅力。其中，自制力和毅力都能反映心理健康水平。当有消极的欲望时，心理健康的人能够克制自己，避免有害的刺激，能有效地抵抗消极的诱惑。遵守纪律，遵守法律，自己改掉坏习惯，这些都是心理健康的人能够具备的优秀品质。

三、大学生心理健康教育存在的问题

（一）教育者和教育对象狭隘

目前，高校普遍存在一种现象，即在具体的教育教学过程当中，心理健康教育工作往往落在了心理健康教育教师的肩上，其他任课教师普遍认为自己只单纯负有教学的责任而无心理健康教育的义务，因此他们就理所当然地置身事外。事实上，学校党政干部、共青团干部、思政理论课教师、哲学社会科学教师、班主任、辅导员等每一个教育工作者的言行举止无时无刻不潜移默化地影响着大学生的身心成长，他们都是大学生成长成才的人生导师。教育工作者应当转变其传统观念，自觉肩负起教书育人的重任，将培养学生优良品格、健康心理放在与对学生传授知识同等重要的位置上去。

现阶段，高校基本上开设了心理健康教育课程，也设立了心理健康教育咨询中心，但这些原本针对全体大学生的心理健康教育举措在具体实施过程中异化了，教师们往往倾向于讲述一些负面的、消极的内容，主要以常见的心理问题与心理障碍为案例来进行解析。心理健康教育咨询中心教师接待的也主要是有心理问题的大学生，其中大部分是学院书记、辅导员通过心理月报表筛选推荐过来的。这种错误的导向使大学生简单地认为心理健康教育只是针对个别心理问题或者有困惑的大学生的，这实际上是有悖于心理健康教育的理念和宗旨的，因为它偏离了心理健康教育要面向全体学生的主要方向。

（二）缺乏高素质的心理健康教育师资队伍和教育资源

大学生心理健康教育在提升学生心理素质、促进其全面发展方面扮演了重要角色。在实施心理健康教育的过程中，师资队伍的专业性和教育资源的充分性是保障教育质量的关键因素。然而，现阶段我国高校在这方面仍面临一定挑战。

在心理健康教育师资队伍的构建方面，高校普遍存在专业心理教师数量不足、教师专业水平参差不齐的情况。一方面，须进一步加大心理健康教育专业人才的培养和引进力度，通过高层次人才引进计划，招聘更多具备专业资格认证的心理健康教育教师；另一方面，加强在职教师的培训与提升，通过定期组织心理教育岗位能力提升培训等方式，增强教师的专业能力和心理辅导实际操作水平。

在大学生心理健康教育的资源配置方面，当前高校心理健康教育资源仍显不足，包括心理咨询室的物理环境、咨询工具、教育材料、电子资源等。高校应当加大投入，完善心理健康教育所需的硬件设施，如建设专业的心理咨询实验室、休闲放松室等，同时积极探索互联网和新媒体在心理健康教育中的应用，利用网络和移动平台为大学生提供更加便捷的心理健康服务。

除此之外，跨部门合作亦是提升资源利用效率的重要举措。高校可与外部专业机构合作，利用其资源与经验，形成学校资源与社会资源相结合的心理健康教育新模式；在内部管理上，建立校际协作机制，推动不同学院间的资源共享与交流，发挥集体力量维护和提升大学生心理健康水平。

总体而言，高校应通过加强师资队伍建设、扩充心理健康教育资源，构建具有专业能力和实际效益的心理健康教育体系，进而为大学生提供更全面、更优质的心理健康教育服务，有效地促进大学生的心理健康成长。

（三）教育者与被教育者都存在认知误区

一些教育工作者经常混淆心理问题与心理疾病，把心理健康教育简单地等同于“问题教育”，将前来咨询的学生视为“问题学生”。这种认知上存在的误区，不仅会导致教育工作者在具体施教过程中会走弯路、错路，忽视了学生的主动性，同时也容易误导学生，使其不能客观正确地认识自己。新时代，教育不应当只是专业知识的灌输，更应该注重学生综合素质的培养、人格品质的涵养。所以，为了培育祖国的未来、民族的希望，教师应该主动加强自身知识结构的更新、开阔视野、博采众长，转变已有的陈旧教育观念，紧随时代步伐，用现代思维和教学方式去给予学生正确的引导。

（四）大学生心理健康教育医疗化

近年来，随着国家对大学生心理健康教育的重视，许多高校将大学生心理健康教育课程设置为必修课，以此来普及大学生心理健康教育知识。但心理健康教育仍以传统心理学为出发点，偏重于心理问题的预防和心理疾病的治疗，忽略了对大学生积极心理品质的培养。心理健康教育开展的方式通常是先让大学生做问卷调查，根据结果进行分类访谈，通过解读大学生的成长过程和内心困扰解决其心理问题。高校设置的心理健康咨询中心帮助大学生解决心理问题，但是其目标群体较为单一。从心理健康访谈记录来看，前往心理健康咨询中心做心理咨询的大学生，大多数已经出现心理问题，如抑郁症、人际关系障碍等。在这种教育方式下，多数大学生认为只有出现心理疾病的人才需要进行心理咨询，导致心理健康教育对象大大缩减。心理健康教育工作者对大学生进行访谈时，只是告知大学生可能存在的心理问题，所给建议通常是让他们做心理治疗或者进一步看心理医生。这种心理健康教育带有医疗倾向，导致许多大学生提到心理健康教育时便带有排斥心理，认为“心理健康教育”是“心理疾病”的代名词。

（五）大学生心理健康教育孤立化

大学心理健康教育的开展需要社会、家庭和高校的积极配合，才能收到良好的教育效果，但是当前社会和家庭对心理健康教育的支持力度不大。首先，人们对心理健康重视程度不足，甚至存在偏见和歧视。在这种氛围影响下，社会教育资源的支持力度随之降低，心理健康教育呈现孤立化现象。其次，许多家长对心理健康认知存在误区，认为对孩子来说重要的是学习成绩，其他都是次要的，这导致大学生不懂得人情世故、沟通能力欠佳，遇到挫折时不知该如何处理。最后，家长对孩子的心理状态关注度不够，即使意识到孩子出现心理问题，也会遮遮掩掩，觉得出现心理问题是一件“丢脸面”的事情，未能及时对孩子进行正确引导。在这种环境下，大学生不能正确认识自我，出现心理问题时不愿主动寻求帮助，即使心理健康教师询问他们的心理状况，他们也是刻意隐瞒、回避，不愿对教师敞开心扉。提到“心理健康调查”“心理咨询”等词语时，大学生会产生排斥情绪，导致心理问题更加严重。

四、大学生心理健康教育存在问题的原因分析

（一）教育观念相对滞后

高校一直以来都被视为国家人才培养的摇篮，其教育理念、教育目标、教育宗旨无不对人才的培养起着重要导向作用。高校在人才培养领域取得显著成果的同时，也存在诸多问题。

首先，成才观相对滞后。教育与教学之间是有着严格区别的，然而很多高校教育工作者至今也没有完全分清楚。由于受传统观念和其他一些客观因素的影响，家长、学校、社会都给予大学生过高的期望，甚至这种“望子成龙”“恨铁不成钢”的心理已经发展到扭曲变形的程度，这对于大学生的成长不仅没有任何利处，更是给他们带来了极大的压力，不利于他们的健康成长。学校和家庭都应当转变观念，培养正确的成才观念。三百六十行，行行出状元，只要是孩子兴趣所在，不管他从事哪一行，都是会有出息的。

其次，质量观相对滞后。我国高等教育正在从以规模扩张为特征的外延式发展转向以质量提升为核心的内涵式发展。这就要求高校需将发展重点从过去的拼规模、拼数量转向在稳定规模的基础上拼质量、拼内涵上来，不断提高优质教育资源的供给能力、水平，以实现“以量谋大”到“以质图强”的战略转变。一直以来，在教育顶层设计中我国都是注重质量的，然而有些高校在真正贯彻落实的时候，对人才质量、教育质量的认识会出现一些偏差。一些学校过于重视大学生考试成绩，过于重视就业率，过于重视博士点、硕士点数量等硬性指标，对校风、教风、学风、师生的整体归属感、凝聚力等重视不够。教育的本质应当是引导大学生找到其正确的“生命方式”，这种单一的评价教育质量的标准不

仅背离了马克思主义关于人的全面发展理论，也背离了我国高等教育的宗旨。

再次，价值观相对滞后。成绩、学历、学位一度成为在校生的价值取向，当大学生离开校园走向社会之后，待遇的高低又成为其最主要的价值取向。这种单一的价值观，忽视了个体的社会责任。高校教师不仅有传授具体知识和技能的责任与义务，更为重要的是引导大学生树立正确的“三观”，让大学生找到自己真正的兴趣所在。

最后，教育实践观相对滞后。长期对教育实践观的错误认识，致使人们对教育实践主体的理解较为浅显，简单地将教师理解为“授道、解惑”的教书匠，把教育实践的手段也看作是灌输式的单向传播，施教过程及方式也仅仅局限在书本、课堂上。虽然很多学校增加了实践环节，改善了实践条件，改变了某些实践方式，但是并未触碰到一个根本问题，即被动实践。正确的实践观应该是主动实践，而且应当把主动实践的理念贯穿于教学全过程和各个环节。

综上所述，教育观念的相对滞后性导致高校心理健康教育工作乏力，想要全面改进心理健康教育工作和提升大学生心理健康教育水平，却用不到点子上去。高校必须转变教育观念，不断积极探索教育新理念、新途径。

（二）心理健康教育的师资队伍欠缺

水之积也不厚，则其负大舟也无力，《逍遥游》中的这句话，生动形象地表达出了教师知识储备积累的重要作用。古语云，师者，所以传道授业解惑也。教师如果缺乏扎实的知识理论功底，如何完成传道授业解惑之使命？当下我国心理健康教育发展的短板主要是缺乏高素质的心理健康教育师资队伍。目前，高校中的心理健康教师基本上是非科班出身，他们之前所学专业涉及心理健康教育理论与实践的内容非常少，加上又没有受过专业系统的学习与培训，导致其在应对新时代大学生心理问题时显得力不从心。心理健康教育工作成效的高低在某种程度上是由心理健康教育教师职业素质的高低决定的，故提高心理健康教育工作者的专业素养是当务之急。不积跬步，无以至千里。世上没有一件事情是可以一蹴而就的，高素质师资队伍的培养也不例外。当然，单单靠心理健康教育工作者自身的努力是不够的，权威的培训机构可以通过多种形式、不同内容的提高班来对其“充电”，完善其知识结构。

（三）心理健康教育形式单一，宣传力度不够

目前，各大高校基本开设了心理学相关课程，但是由于地域性差异和校级差异，高校开展心理健康教育的进程和所取得的成效不尽相同。其中，既与高校对心理健康教育重视程度和宣传力度不同的差异有关，又与教育部门没有对大学生心理健康教育的教学纲领作统一规定有关，当然教师教育形式过于单一才是最重要原因。在课堂之上，教师多采用照本宣科、道德说教的方式进行传道；课堂之下，体验式培训、团体辅导等也都是大家再熟

悉不过的活动，无法激起大学生的兴趣。对心理健康教育的宣传，许多高校还仅是停留在依靠学生组织、社团的宣传上，这是远远不够的。大学生心理健康教育需要自下而上地宣传，同时也需要自上而下地宣传。高校重视大学生心理健康，各学院加大力度抓心理健康教育，就会采取相应措施催生心理健康教育新途径。如此这般，校园中便会形成一种以心理健康为主流的校园心理文化，这些都会在无形中对大学生健康心理的养成产生重大影响。

（四）心理健康教育监督缺乏有效性

教育主管部门主要通过心理健康的教育评估来掌握大学生心理健康教育工作所取得的成效，方式可通过督导、校评、自评、社会评估等多种方式来进行。但是在实际操作过程中由于教育主管部门监督有时不到位，导致心理健康教育评估没有得到有效落实。心理健康教育监督对促进心理健康教育工作的发展有着重要的作用。有效的监督机制离不开完善的心理健康教育评估体系。首先，评估所得的成果可以转化成用来营造良好的心理健康教育的社会氛围的工具。为了引起重视和获得社会的支持，推动大学生心理健康教育工作的顺利开展，可以通过主流媒体的宣传来向社会展示一份心理健康教育工作成绩单，以期达到预期目的。其次，对于高校自身而言，有效的评估可以像一面镜子一样照见高校心理健康教育工作的所有成绩和不足，从而使高校可以更好地自我定位，发扬其长处，补齐其短板。最后，通过评估，上级可以更好地了解和掌握各高校心理健康教育所取得的具体成效，以便为制定下一步的教育决策提供有利依据。

第二节　积极心理学视角下的大学生心理健康教育现状分析

一、积极心理学视角下的大学生心理健康教育

关于积极心理学视角下的大学生心理健康教育的概念并没有权威定论。通过参考总结积极心理学、心理健康教育等概念，这里将积极心理学视角下的大学生心理健康教育定义为，以积极心理学、心理学、大学生心理健康教育等理论与实践为指导，以大学生生理、心理发展特点和规律为依据，以培养大学生积极的心理品质（外显和潜在的）为出发点和归宿，在积极心理学理念的指导下，针对大学生群体进行的心理健康教育实践活动。

二、积极心理学视角下的大学生心理健康标准

（一）开放的自我接纳的心态

自我接纳是对自己的一种肯定，能接受自己的优点、接纳自己的缺点，即能坦然地面

对现实。自我接纳既包括悦纳自己，即能接受自己身体、性格或能力等方面的正向价值，也包括接纳自己身体、能力等方面的缺陷。既能在面对真实自己的过程中对自己的认知处于不断发展的过程，也能以积极的心态面对自己及社会的人和事，能接受不同观念的人和事并愿意成长。

（二）积极乐观的生活态度

乐观是人的一种品格，是长期生活过程中形成的对自己的一种释放的风格。不论生活中的成功或失败，都能及时总结原因并沉稳应对。乐观的生活态度能使学生将生活中的挫折、消极体验等转变为暂时影响因素，把生活中的成功及积极体验归结为人格的影响。乐观是一种精神面貌，利于大学生缓解压力，在逆境中成长，进而形成健康心理。

（三）主体情绪的积极性

情绪是影响人生活的关键因素，由积极情绪及消极情绪两个方面组成的，相关研究显示一个高效的团队主要凭借其高的积极率取得成功。在高效团队中，积极情绪与消极情绪的比例大概在 6∶1，而一个低效团队中的积极情绪与消极情绪的比例大概在 1∶1。积极情绪是基于积极心理学背景下大学生心理健康的主要标准之一，能拓展大学生的思维和行动，帮助大学生取得成功，获得成就感。

（四）生活的希望感和意义感

希望是逆境中支持一个人坚持的特定情绪，当大学生对未来充满希望时，他身体的精神力量能帮助其有效应对暂时的压力和不幸。教师在对大学生进行心理健康教育时，将其培养成为对未来充满希望的个体，才能使其获得希望感和意义感，形成完善的人格，进而体验生活的幸福感。

（五）充满爱和共情力

共情力主要是能站在他人的角度思考问题，能认同他人，接受他人的意见，并能与他人达成共鸣。基于积极学视角的心理健康的人，在对自我进行高度接纳的基础上，能对周围的人进行接纳，并在了解自己情绪的基础上了解他人的情绪，对他人进行关爱。

（六）良好的人际关系和安全感

安全感是人对身体或心理出现危机时的一种感受，心理健康的人能对这种危机进行控制，不会对他人产生敌意，不会猜忌他人，不会漠视他人。心理健康的人的人际关系是协调的、和谐的，因为人是社会属性的人，需要生活在各种人际关系中。当大学生拥有良好的人际关系时，就可以对他人产生信任、依赖、忠诚等，进而比较有安全感。

三、积极心理学与传统心理学教育方法的比较

（一）研究的侧重点不同

在过去的心理学研究过程中，传统心理学更多地向人们展示问题，并且对于负面的研究要远远多于正面的，忽略了对于潜能、积极力量的挖掘和培养；把人等同于物，认为人类的心理是被动的，人的心理动力受周围环境或者本能的控制。积极心理学家则认为，过多关注负面心理特质并不利于心理学的发展，心理学家不应只将心理障碍和疾病作为研究对象。那些并没有什么问题的普通人同样需要关注，挖掘人们的潜能，发挥人们的积极力量，可以使更多人生活得更加幸福，真正地实现心理学家们要改变人类状况的夙愿。积极心理学从怎样让心理更健康的视角来看待问题。尽管问题的出现不能给整个人类加以积极的力量，但是心理问题可以给人们带来展示个人积极品质以及潜能的绝佳机会。这主要体现在两个方面，一个是在已经产生的问题上可以得到积极的美好体验，另一个是多角度地探索问题的原因。积极心理学由主要对人类病态心理的探讨，转向以挖掘人类内心潜力和正面特质为主，将过去心理学家们忽视的与积极内容有关联的研究视为重点，以科学的方法探究人们出现的心理问题，在此基础之上使人们发挥出自己本身所具有的积极品质和潜能，从而解决问题。积极心理学的增进功能就是要纠正传统心理学的这种弊端，积极面对问题，将促进普通人拥有更快乐幸福的生活为己任。

（二）心理问题的预防观念不同

传统心理学的一系列措施主要是为了消除问题，仅仅把人们自身的不足作为侧重点，并以此来阻止问题的发生，从而达到预防的效果。积极心理学继承了人文主义和科学主义心理学的合理内核，修正和弥补了心理学的某些不足，它反对悲观人性观，转向重视人性的积极方面。“积极心理学认为，人类自身存在着抵御精神疾患的力量，预防的大部分任务将是建造有关人类自身力量的一门科学，其使命是探究如何在个体身上培养出这些品质。”①

积极心理学家十分重视预防的作用，塞利格曼认为在状态还算不错的情况下积极地行动，能够为那些痛苦的人省去许许多多悲伤的眼泪。人们本身具备能与心理障碍对抗的积极心理特质，比如乐观、勇敢、洞察力等。科学的测量可以使人们识别自身的积极品质，凭借内部系统加强人们的积极人格，可以针对心理的问题有效地进行防御。实验证明，如果人们可以训练自己的乐观品质，那么在日后发生抑郁的可能性会降低 50%。如果要阻止那些可能走上弯路的青少年，最好的方式就是挖掘他们的积极品质，让他们对未来充满希望。

---

① 张倩，郑涌．美国积极心理学介评［J］．心理学探新，2003（3）：6-10.

（三）心理问题的治疗手段不同

传统心理学的心理治疗模式是主要针对那些患有疾病的人进行治疗和评估，认为有心理问题的人是患者，而解决问题的人是医生。传统心理学将重点放在了对病人不健康的认知、情感和意志行为的治疗上。积极心理学则是摒弃像过去那样把有心理问题的人看作疾病的载体的做法，运用治疗使他们获得希望，充分地挖掘他们的潜在能力。如积极心理治疗理论的创始人诺斯拉特·佩塞施基安曾指出："治疗并不是首先以消除病人身上现有的紊乱为准，而是首先在于努力发动每个患者身上存在的种种能力和自助潜力；'积极'二字按其本意是指'事实之物''给定之物'，事实和给定的东西并不一定必然是障碍和紊乱，也是每个人与生俱来的种种能力。"①

积极心理学家认为，在治疗心理疾病方面，除了一些拥有特殊效果的技术之外，还有十分重要的因素影响着治疗的作用，那就是被他们称为"深度战略"的因素，即一些拥有缓解作用的人格力量，包括乐观、观察力、领悟力等。他们认为，比起采用特殊的治疗技术而言，充分挖掘和发挥病人的人格力量，帮助病人健全心理功能，治疗效果将会更好。

（四）积极心理学更具创造性

传统的心理学研究使心理研究机构源源不断地将资金与人力投入负面因素的相关研究之中，得到的效果却是越来越多的人陷入痛苦的心理问题之中不能自拔。这是因为，传统心理学主要以这种程序进行研究：负面研究→负面体验→负面研究，人们不由自主地进入了不幸福的体验之中。心理学家仅仅注重负面因素，难以将正面的因素引入人们的心理世界。但是，积极心理学把那些正面的因素持续不断地引入人们的生活里去，其研究对象是被传统学派所忽视的个体的积极心理特质，而绝非个案心理疾病。积极心理学强调个体的正面体验，打破了传统心理学对负面心理体验的循环。如此之下，心理学对于人类来说，不仅是解决问题，更是要让人们对幸福的生活充满期待和渴望，从而把其创造为现实。

四、积极心理学视角下的大学生心理健康教育现状审视

下面是以积极心理学视角来审视大学生心理健康教育现状中的欠缺。

（一）缺少明确的教育目标

目前，随着我国高等教育不断发展，教育进入了一个"重质"的阶段，对教育工作者的要求也有所提高。当大学生规划自己的职业生涯时，需要认识到社会发展对其需要拥有的知识和技能有更高的要求，然而由于一些现实压力和自身问题，导致理想与现实冲突，这种冲突极易使大学生出现心理健康问题。一些大学生感到自卑、焦虑，无法欣赏自己的

① 诺斯拉特·佩塞施基安．积极心理治疗［M］．白锡堃，译．北京：社会科学文献出版社，2004.

优势，丧失自信，对进步缺乏希望。基于此，当前大学生心理健康教育的目标是解决大多数大学生的低自尊、焦虑、抑郁等心理问题。积极心理学在大学教育中的应用需要更加关注大学生的心理状态，这就要求专业的心理健康教育工作者不仅要在大学生出现问题时及时进行纠正，帮助他们消除自卑和焦虑，还要在平时引导大学生保持积极的心态，形成健康向上的心理状态。因此，专业的心理健康教育工作者在未来的大学生心理健康教育中有必要更加关注大学生的心理状态，建立合适的心理健康教育目标。

（二）侧重治疗而非预防

传统的主流心理学如行为主义、精神分析和认知心理学，都是针对“有心理问题的人”，这种“以问题为导向”的心理健康教育模式忽视了个人的积极力量。积极心理学认为，每个人的思想中都有两种相互排斥的力量。其中一种是积极的力量，如乐观、毅力、感恩、幽默、勇气、创造力等，而另一种是消极的力量，如抑郁、恐惧和焦虑等。当消极的力量占主导时，个体会表现出消极的人格特征，如低自尊、焦虑和恐惧等；但当积极的力量占主导时，个体会表现出积极的性格特征，如感恩、善良、团队合作、创造力和正义等。目前，高校心理健康教育的理论基础主要是以解决心理问题为目标的传统主流心理学。心理健康教育者就像“消防员”，有“火灾”才来“灭火”。这种被动心理健康教育模式的目的是解决问题，但忽视了对大学生积极心理的引导，没有帮助他们找到积极生活的意义。换句话说，当前大学生心理健康教育缺乏能够在问题发生之前预防问题的理念。大学生在年龄上是成年人，但是在社会阅历方面相对匮乏，初入大学时容易处于心理迷茫的状态，有较大的好奇心和发展意识，一些不良思想也会乘虚而入，这就需要调整心理健康教育的重点并扩大其范围，不能等出现问题时再解决，而是要提前做好预防工作。

（三）教育的特征单一

大学生心理健康教育不仅包括对学生进行心理调查，提供案例咨询，干预心理问题，还应该向大学生传授心理健康知识，帮助其树立积极的态度。积极心理学视角下的大学生心理健康教育提倡建立科学、合理、有效的创新机制，创造积极的校园文化氛围，激发大学生发现、研究、解决问题的潜能，持续培养学习、实践技能，形成完整的高校心理健康教育体系。高校的心理健康教育工作者还需要积极创造机会，鼓励大学生积极参与校园活动以及社会活动，丰富大学生心理健康教育的内容。

五、积极心理学视角下的高校心理健康教育规范化发展困境

（一）政策落实执行仍需强化

为了促进高校心理健康教育的发展，国家和地方教育主管部门先后出台一系列相关政策文件指导其规范化发展。然而，这些政策在执行的过程中并没有得到高质量的贯彻落

实，政策落地不实的现象仍然存在。虽然各个高校都建立了相应的领导工作小组，但政策落实过程中很难做到整体兼备、细节兼顾，上级政策下发后，在逐级往下执行的过程中，下级对心理健康教育工作的支持力度不够强，相应地，心理健康教育政策落地的过程中就存在一定的困难。

1. 认识和重视程度还有不足

高校心理健康教育工作能否落实发展与领导层的重视程度息息相关。在各方力量的推动下，当前对大学生进行心理健康教育的意识不断增强。但在新的形势下，有的学校领导对大学生进行心理健康教育的必要性和重要性理解得不够透彻深入，在对心理健康教育工作方面的倾斜支持力度远不如其他工作。事实上，有少数领导认为大学生心理健康教育工作是一项维稳性工作，只有在发生重大心理危机事件之后才会引起短暂性的重视，没有将心理健康教育工作真正融入学生工作中去，更对高校心理工作的开展缺乏科学的规划与指导。心理健康教育工作并不是心理部门单打独斗就足够支撑工作开展，而是需要整个学校协同支持发展，尤其是领导层面的支持。虽然教育主管部门发文强调要加强心理健康教育，但部分高校在政策文件的落实过程中并没有严格按照规定执行，导致政策文件被层层曲解减码。部分高校领导对心理健康教育工作支持力度不强，这使心理健康教育工作的展开存在一定的难度。领导支持倾斜力度大，高校对其工作的开展则支持力度大，心理健康教育工作开展得更加顺畅，反之亦然。

2. 督查和评估机制尚不健全

对高校心理健康教育工作进行督查评估是相关政策落地生根的加速器，是心理健康教育体系健全完善的助推剂，是评估心理健康教育目标实现与否的试金石。目前心理健康教育政策落地不实的一个重要原因就是缺乏督查评估制度，事后的督查评估工作不到位。上级政策下达到高校后，之所以落地执行不力，除去有些院校领导不重视等因素，主要还是因为缺乏对高校的督查回访。在落实具体政策要求时，有些高校存在执行不力的情况，尤其是涉及经费支持、人员配比、场地设施等方面的具体问题时，有些学校并不能按照教育部门的要求严格落实，甚至原本规定的经费场地都要被其他学生工作占用，使心理健康教育工作的规范化开展受到影响。只有在上级视察高校心理健康教育工作落实情况时或将心理工作的开展纳入评估高校发展情况时，心理健康教育工作才会得到相应的重视，但也只是能应付上级检查的程度。

（二）教育师资队伍建设亟待加强

心理健康教育工作能够顺利开展的关键在于师资队伍建设，教师队伍的建设情况直接影响心理健康工作的开展状况。近年来，诸多高校按照政策的要求打造一支专兼结合的教师队伍推动高校心理健康教育工作的开展，据笔者访谈了解到，若从现实高校心理健康教育师资队伍建设情况来看，高校心理健康教育师资队伍规范化、专业化发展受限很大。目前在心理健康教育师资队伍规范化建设方面还存在着教师角色定位不清晰、数量质量相对不足、缺乏相应的制度保障等问题，这影响着心理健康教育教师的发展进而影响着高校心理健康教育工作的规范化发展。

1. 专职教师角色定位不清

不可否认的是，高校心理健康教育工作的效果取决于心理健康教育中心教师的角色定位和角色任务。目前有些高校心理教师对自身定位感到模糊，也就是对其自身工作感到角色冲突。除去日常教学任务，他们还要从事咨询、行政工作，需要同时扮演教师、咨询师、行政管理人员的角色。多重身份的转变，致使这些心理教师在工作中容易产生思维混乱，这对心理教师充分发挥心理育人功能产生了一定的阻碍。心理教师对其自身定位感到冲突的情况下，同时会对其扮演的角色感到过度负荷。角色过度负荷是使目前高校心理教师的工作陷于困境的一个重要因素，教师扮演多重角色的任务超出其本身精力、能力所承受的范围，使其每一个角色都不能尽善尽美。目前主要是由教学和行政工作所致，教学是心理教师最主要的角色任务，也主要通过教学来更多地了解学生的情况，但目前的情况是，大量繁重的行政工作影响心理教师教学工作的开展，心理教师对自己到底是心理教师还是行政人员产生怀疑，这也造成了心理教师对心理健康教育工作的职业倦怠，影响教师的专业化发展进程，进而影响高校心理健康教育的规范化发展进程。

2. 队伍建设制度保障不力

在教师队伍建设方面，教师的个人专业发展前景不清晰，教师队伍不稳定是影响高校心理健康教育规范化发展的重要因素。目前心理教师工作强度大，工作压力大，与学校其他工作部门相比，待遇相对较低，同时又守在心理问题学生工作的一线，很容易出现精神上的疲劳。部分心理教师仅是靠责任感和使命感进行工作，但现实中的许多问题和困难让他们很难继续下去。现阶段，心理专职教师的发展卡在行政人员与专业教师中间，没有非常明确的定位。心理教师是纳入辅导员系列的，既走行政系列，又做专业技术工作。心理教师的行政工作特别多，没有时间去搞科研。可以说，心理教师想深造，经费不支持，想晋升，岗位不支持，看不到未来的发展和职业的前景，陷入反复的事业抉择中，致使有些教师遇到机会就会选择转岗，使教师队伍不够稳定。心理健康教育工作者的个人发展没有相应的制度保障，付出与收获不成正比，导致其无法长久而持续地保持工作的热情和激情，是出现上述问题的重要原因。加强心理健康教育工作制度保障是推进心理健康教育教师专业发展的基础动力，保障心理健康教育教师发展权益势在必行。

（三）主干必修课程建设任重道远

课程是发挥高校心理健康教育育人功能的主渠道。高质量的课程教学对学生的心理发展具有积极影响。大学生心理健康课程经历从无到有、从有到优的过程，这期间发生了巨大的变化。虽然心理健康教育课程体系已初具规模，但在现实发展中还存在许多问题影响着其规范化发展，如教学内容、教学手段、教材选用等问题制约着高校心理健康教育朝向高质量、规范化的发展。

1. 课程教学质量不高

心理健康课程是高校必修的基础性课程，受众是全校大学生。心理健康教育课程作为大学生接受心理健康教育最重要的渠道，其课程设置的目的是大学生通过学习，掌握并运用心理健康知识，进行自我调节适应，提高自身身心素质，实现全面发展。笔者通过访谈了解到，目前各高校虽然均已开展心理健康教育的课程教学，但实际上心理健康课程教学的师资力量十分匮乏，并且因为相关教师日常事务性工作比较多，无暇专心备课，同时在讲授的过程中偏重于理论教学，忽视提升大学生的实践技能，甚至有的教师将课程讲授成心理知识专业课，枯燥乏味。有些院校的心理课程归属于其他学院，心理教师则归属于其他行政部门，心理课程与教师存在脱节的情况，课程教学资源不能进行强有力的整合。这种理论化、脱节化的课程在提高大学生心理水平上可能作用甚小，甚至有可能起背道而驰的效果，加重大学生的心理负担。

2. 教材质量参差不齐

教材是最基本的教学媒介，教材的选取关系着教学的内容与质量，更关系着人才培养的质量，与教学目标能否达成、教学理念能否被大学生所接受等方面息息相关。在互联网技术迅速普及应用的背景下，虽然翻转课堂、微课等线上教学平台在教育教学中得到广泛运用，但心理健康教育教材仍然是教师在教学过程中传播心理健康教育的重要媒介。无论是在心理健康教育课程还是在其他心理相关课程，教材的选取决定着教学的内容，心理健康教育教学内容基本上都是立足于心理健康教育教材，虽然教师在教学的过程中会选择性地对教材的内容进行加工，但其最终的教学内容还是会在教材的基本框架里。因此，在教材选择上，大学生心理健康教育课程不同于其他专业课程，更需要谨小慎微。由于教育部门对心理健康教育教材并没有给出明确的要求，这使高校心理健康教材的选取具有相当的自主性。据笔者访谈了解到：目前市面上高校心理健康教育教材种类繁多，在教材的选取方面没有较为统一的要求，这导致部分高校对心理健康教育总体方向的把控欠准确。高校通常是以选择自己学校编写的教材为主，在教材主要内容上容易出现偏差，甚至脱离教育部门规定的心理健康教育课程内容，最终影响教学效果。

3. 考核方式有待完善

心理健康教育是一个动态的过程，其考核既是一个综合的过程，也是一个动态的过程。目前仍有不少高校对于大学生心理健康教育的课程考核，只注重结果，不注重过程，将心理健康教育课程变成简单的学习知识的课程，这忽视了大学生接受心理健康教育课程教学后发生改变的过程，也无法反馈他们在接受心理健康教育课程教学后心理健康水平的变化。其考核方式仍以传统的心得体会、小论文等知识性的考核为主，而课程教学的目的是提高他们的心理健康水平，让他们掌握自我调适能力。传统的考核方式无法了解他们是否通过心理健康教育课程的学习掌握一些心理调适方法，有限的考核主题或题目也无法全面地了解他们对于各种心理问题的抗压能力。课程学完，考试考完，他们又将知识还给书本，起不到心理育人的效果。课程教学考核方式简单且单一是目前高校心理健康课程建设存在的一大问题，亦是影响其规范化发展的问题。

（四）危机预防干预工作有待完善

心理危机预防与干预工作是高校心理健康教育工作极为重要的组成部分。高校应按照我国相关政策文件的要求，积极做好大学生的心理危机预防与干预工作，采取相应的预防与干预措施，建立高校心理危机预防与干预工作体系。目前在高校中自杀以及心理危机事件仍然时有发生，这表明高校在心理危机预防与干预中虽然作出了较大的努力，但效果仍然不够显著。目前我国高校危机干预与预防体系仍然存在一些现实问题制约着高校心理健康教育的发展。此外，我国相关政策文件中对于心理危机预防干预体系的建设没有明确的要求，目前各高校没有统一的危机预防干预流程，基本上是学校内部的干预操作流程，在进行危机预防与干预工作中还存在一定的问题。

1. 干预策略重干预轻预防

在积极心理学的倡导下，我国高校的危机预防干预理念已经发生转变，从注重危机事件的应急处理，到开始重视心理危机的预防工作。但笔者在访谈中了解到，现实情况仍然存在重危机干预、轻危机预防的现象，在大学生发生心理危机后再进行干预工作，缺乏提前的危机预防工作。虽然诸多高校对心理危机预防与干预工作较为重视，各级心理预防网络体系也取得良好的效果，但部分高校对危机预警工作的重视程度还不够。高校都比较关注心理危机干预工作，但通常是危机事件发生后，心理健康教育中心才采取措施进行危机干预，而此时的危机干预工作往往不能收到可观的效果，且危机干预的难度比危机预防要大，重点是这些危机干预措施都是属于补救性措施，并不完全能挽回大学生的心理健康甚至是生命。对于大学生出现持续的情绪不良问题，如何监测到并尽早地去干预，帮助他们化解心理危机，是目前危机预防干预工作的难题。此外，有的心理专兼职教师专业胜任力不足，在对大学生进行危机干预的过程中无法及时判断甄别他们心理问题的严重性，以致不能很好地做到对问题大学生的干预预防。因此，在进行心理危机预防与干预工作的过程中，应该加大对预防工作的重视，做好危机预防工作。

2. 干预效果缺乏评估支撑

根据危机干预流程操作后，处于严重危机事件中的当事人一般会因为某些心理原因难以在学校维持正常的学习生活，只有休学甚至退学暂停学校生活，而高校心理危机干预工作则往往会因为学生离校而宣告结束。但处于休学归家状态大学生的心理危机并没有结束，高校对其后续的干预缺少及时的跟进与评估。此外，有的休学大学生在心理危机干预后状态转好选择复学，但心理危机干预只是让其暂时达到心理平衡的境地，一旦发生其他心理危机，其心理问题可能再次被放大、显现。同时，危机干预过的大学生在回归学校后可能会面对来自同学更大的舆论压力、归家与学校脱节的压力、学业压力以及继续进行心理治疗的经济压力等，若是这些压力得不到妥善的解决，很可能使复学的大学生产生“二次”心理问题，造成心理危机干预失败。在近些年出版的文献书籍中，关于危机干预的方案比比皆是，但是关于危机后干预的相关资料少之又少，这也导致高校教师即使想自行学习相关知识也无资料参考。

3. 干预过程面临伦理冲突

遵守伦理规范是高校有效开展心理危机干预工作的重要条件。心理健康教育工作者专业技能与伦理规范缺一不可。但目前高校心理健康教育工作队伍是专兼结合的队伍，且兼职教师数量较多，这些兼职教师大多是非心理学相关专业出身。在师资力量缺乏、心理工作任务繁重的情况下，有的兼职咨询师被“赶鸭子上架”。由于缺乏系统专业的心理辅导、危机干预培训，这些兼职教师伦理观念淡薄，有时触犯伦理规范也不能及时发现。即使被指出其存在伦理问题，有些教师以自己不是专业的心理咨询师为理由推卸责任，伦理规范自我约束不强。同时，有些高校在进行心理危机干预的过程中缺乏对大学生的人文关怀，始终以学校的利益为出发点，在大学生出现心理问题后就告知家长让其回家，忽视大学生的身心发展。此外，保密原则是心理咨询工作中最基础的伦理规范，但在现实情况中保密原则往往与高校的行政管理相冲突。在一些特殊情况下，如档案撰写、领导检查等，保密的专业守则往往要置于行政管理之后，使高校心理危机干预工作在专业伦理坚守上变得尤为困难。

（五）“三全育人”格局尚未形成

“三全育人”即全员育人、全程育人、全方位育人。我国教育主管部门出台一系列文件为建立健全高校“三全育人”工作格局绘制蓝图，诸多高校开始积极探索“三全育人”框架下的心理育人工作。如何有效在“三全育人”的框架下，推进高校心理育人工作的开展，是目前影响高校心理健康教育规范化发展的重要因素，也是目前推进心理育人工作迫切需要解决的问题。

1. 全员育人尚未落实

全员是主体概念，从心理育人的总体因素来看，一部分主体的心理育人意识较弱，自主参与能力较弱。当前，高校心理育人工作的主力军主要是专职教师以及辅导员、思政教师等在内的兼职教师队伍。就现实情况来看，高校心理专职教师数量较少，且担任多重角色，其他兼职教师肩负的角色就更不必说了，他们事务性工作繁忙，在进行心理育人的过程中显得力不从心。在全员育人的角度下，高校在联合如任课教师、学校其他管理人员、班级心理委员、寝室成员等其他育人队伍共同发挥作用，但由于这些育人队伍的心理育人知识技能较为欠缺，其在全员育人格局中的力量就不那么强大。此外，家庭环境对个体的个性发展有着重要的影响，但在大学生出现心理问题后，有些家长拒不配合、推卸责任，在心理育人方面意识不足，直接影响了家校共育功能的发挥，在全员育人格局中撕开了一道裂缝，影响全员育人格局的构建。

2. 全过程衔接不到位

全过程是时间概念，全过程心理育人的本质就是在教育教学的全过程以及学生成长的全过程融入心理健康教育。当前，不管是在教育教学中还是在大学生成长过程中都存在全过程衔接不到位的情况。在素质教育教学中，心理健康教育是以提高大学生心理素质为目的，以促进大学生身心全面、健康发展为目标的教育，而在日常的教育教学中更注重引导大学生对于知识的掌握，缺乏对于心理素质的掌握，这样使心理健康教育与教育教学容易产生“两张皮”，在教育教学过程中对心理健康教育元素挖掘融入不深入，渗透不自然。在大学生成长过程中，各学段衔接不到位。就目前而言，高校心理健康育人全过程的范围是从入学到毕业，对于大学生入学前和毕业后的育人工作衔接不到位，在全过程育人格局上存在漏洞。而且目前诸多高校的心理健康教育基本上只针对新生开展，忽视对中间学段大学生的心理教育，在一定程度上造成全过程育人的断层，影响全过程实时育人效果的有效发挥。

3. 全方位联动未协调

全方位是空间概念，全方位的心理育人工作尝试在立德树人的全过程中全面展开，建立立体、全方位的心理育人互动机制，涵盖课堂上下、校内外、线上线下多个要素维度，根据要素维度的不同在其功能、目标、策略上各有所侧重。从全方位育人的视角考察高校心理育人工作的现实状况，存在着多方位联动不协调、兼顾不充分等问题。比如，在家庭教育中，教育主体比较注重学生的学习成绩和品德的养成，而在社会教育中，教育主体则注重学生的能力发展和社会公德的提高，二者在育人的过程中均忽略了育心与育德的有机结合。此外，在学校、家庭与社会教育中多是各自为政，无论是课程还是实践教学中的心理育人，又各有其成效，虽然有些联动教育，但存在比较大的缺陷，可以说没有形成“学校、家庭、社会”三位一体的联动心理育人。总的来说，从全方位育人角度看，各高校在多方联动方面缺乏统一的平台将心理育人资源进行有效整合，联动各方资源进行全方位育人。

第三节 积极心理学融合大学生心理健康教育的优势与启示

一、积极心理学视角下大学生心理健康教育的重点

（一）注重学生学习感受

早期阶段，我国心理健康教育的开展将关注点放置于教师的教育成果上，在学生学习感受及学习领悟力的培养方面未能做到充分关注，进而使部分高校的心理健康教育呈现被边缘化的趋势。积极心理学注重对学生积极学习和生活态度的培养。所以，将积极心理学应用于高校心理健康教育，需要将教育重点放置于关注大学生学习感受上，使大学生能充分领悟如何提升学习荣誉感与生活幸福感，将学习、生活与积极心理学的教育引导充分关联，进一步帮助大学生提升心理健康水平。另外，需要注意的是，注重大学生的学习感受，并非一味地增强心理健康教育强度及加大学生的学习负担，而是要帮助大学生在相对宽松的环境下走出心理困境。所以，高校应科学地掌握积极心理学的教育强度，既要避免积极心理学的教育引导加重大学生的学习负担，也要保证积极心理学的教育引导的有效性。

（二）提升学生心理资本

环境的变化及外部条件的刺激是传统心理学提升心理资本的重要方式。积极心理学的核心思想并非采用激进化的教育逻辑深化对大学生心理健康辅导，而是运用柔性策略提升大学生心理环境的结构弹性，从而达到提升大学生心理资本的目的。因此，高校对于积极心理学的运用，应将提升大学生心理资本作为教育的重点内容，帮助大学生更好地适应当前的学习环境及未来岗位的工作环境，从未来大学生就业发展及当前教育培养两个层面进行布局。譬如，重点针对未来岗位工作中可能产生的心理问题，找准提升大学生心理资本的核心切入点，通过重新帮助大学生建设心理环境、强化大学生抗压能力及树立美好人生目标等策略，调整大学生的基本心态，以此帮助大学生更好地提升心理资本。

二、积极心理学视角下大学生心理健康教育的教学实践优势

（一）简化心理健康教育流程

高校传统的心理健康教育不仅流程烦琐、内容复杂，同时对于教师的教育干预能力具有极高的要求。虽然部分心理健康教育与心理健康干预措施能有效地解决一些心理健康问

题，但大学生个体化差异同样对心理健康教育的稳步开展具有实际影响。运用积极心理学开展心理健康引导及教育干预，能有效地简化教育工作流程，提升教育工作的实效性。从人的内在特性来看，追求美好事物始终是生存发展的重要目标。而积极心理学的教育干预及教学实践能提升大学生的幸福感及树立美好生活发展目标，帮助大学生摆脱心理困境，使大学生能更好地适应当前的学习、生活环境。所以，积极心理学在高校心理健康教育方面的运用，有助于提升高校对于大学生心理健康问题的解决能力，强化心理健康教育教学实践的多方面渗透，为后续更好地开展多元化教育实践工作夯实基础。

（二）增强心理健康教育的实效性

保证心理健康教育的实效性，进一步满足心理健康教育的多方面需求，针对大学生心理健康问题的产生原因及心理健康影响因素，做好多方面的问题分析及问题排查，对于深化高校心理健康教育具有重要意义。传统模式的心理健康引导及教学实践更侧重于大学生对于心理健康知识的积累，在知识内容的灵活运用及心理健康管理方面缺乏对大学生心理环境动态的关注，降低了高校心理健康教育实践的实效性。积极心理学在心理健康教育方面的运用，能基于深化师生之间的教育沟通，提升教师对大学生心理环境动态的关注，使教师能根据学生各个阶段不同的心理问题，有针对性地制定心理健康教育预案及教学策略，充分提升高校心理健康教育的科学性，使高校心理健康教育的开展能形成更为完整的教育结构，弥补传统教育模式的细节性缺失。

（三）推进心理健康教育系统化开展

心理健康教育是循序渐进的过程，急于求成的教育心理难以为心理健康教育的稳步开展提供支持。针对大学生的心理健康教育实践及心理健康干预，必须实现各个教育流程、教育环节的紧密衔接，实现心理健康教育的系统化开展，避免心理健康教育产生碎片化问题。但传统模式的心理健康干预通常存在各个阶段教育内容不明确、教学方向不清晰及教育干预不及时的问题，使部分高校的心理健康教育流于形式，未能在心理健康引导方面发挥根本作用。积极心理学的运用则能帮助高校改变这一现状，实现高校心理健康教育的系统化开展。其中，积极心理学将为大学生明确心理问题的产生原因、内在逻辑及核心要素，通过培养大学生自我审视、自我管理的良好习惯，将大学生自我管理与自我调控纳入心理健康教育辅导体系，使大学生的自我管理及自我调控能力成为各个阶段心理健康教育的黏合剂与填充剂，以此增强各个教育环节的衔接紧密性，推进心理健康教育的系统化开展。

三、积极心理学对大学生心理健康教育的启示

积极心理学的观点和理念使高校心理健康教育有了更明确的目标，让整个教育过程更

加重视个体潜能的挖掘以及积极品质的培养，从积极心理学出发关注个体自身的需要，尊重其个性发展，引导家庭、学校以及全社会对个体成长积极关注，努力创造良好的家庭、校园和社会环境，全面配合、努力营造和谐、积极向上的环境和氛围。

（一）挖掘个体潜力，发挥个体才能

人类的潜能是无限的，大学生心理健康教育需要在积极心理学理念下最大限度地去挖掘个体的积极力量，从而使其自身资源得到进一步的开发与利用。在个体日常生活中，每个人都会有情绪的起伏，失落的人总是对自己各方面的表现缺乏自信，更容易出现自我怀疑的现象，人们很少能在这个阶段注意到自己所拥有的力量如何强大。而从积极心理学入手培养积极品质，可使个体的潜力得到深入开发和挖掘。通常积极心态能让人理智地支配自己的有效潜能，找到正确解决问题的途径，从而迎来人生的高峰阶段。现实中的人们往往缩减自身积极心理的推动力，扩张消极心理的破坏力，更严重的是往往会因为一件小事而使自己的自信心被全盘摧毁，因此要充分挖掘个体的各种潜能。

积极心理学所倡导和研究的并非只是修复生命中的问题，更是建立和培养生命中的美好品质；积极心理学并不仅仅以消除缺点、改变症状为目标，更注重人类才干和潜能优势的发挥。在传统心理学的影响下，自身的不足一直是被关注的焦点，此种思维和逻辑不利于个体才能的发挥。如果个体自身的才能和优势被积极关注，个体就会变得更加自信和乐观，越来越多的动力也会随之产生，进而促进个体的不断成长。因此，在高校心理健康教育工作开展过程中，应采用积极关注的思维和方法，引导个体发现自身优点和潜能，勇于面对各种困难和挫折，形成积极的价值观，促进个体心理素质的不断提高，进而完善人格，使个体得到更好的成长和发展。

（二）重视积极力量，促进全面发展

积极情绪具有拓展功能，弗雷德里克森[①]曾用图 2-1 和图 2-2 对其拓展功能进行了详细的描述。拓展功能表明在积极情绪中和特定情境下，个体将会扩大一种能够促使其持久发展的资源，而这种资源会使其行为倾向于积极的情感和情绪体验，更有利于创造性的产生。

① Fredrickson, Positive Emotion. In C. R. Snyder & Shane J. Lopez (Eds.), Handbook of Positive Psychology [M]. New York: Oxford University Press, 2002.

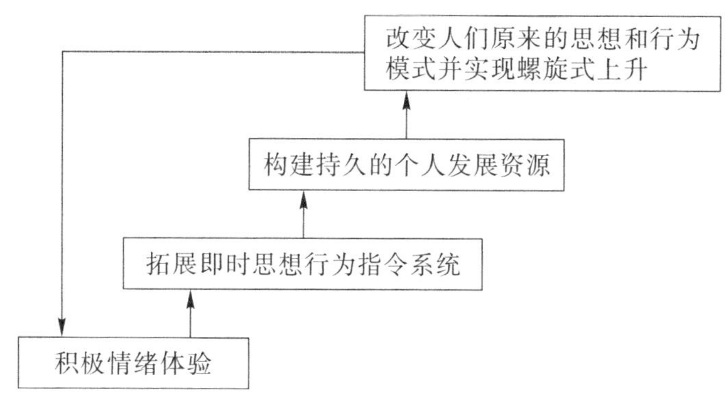

图 2-1　积极情绪的拓展功能

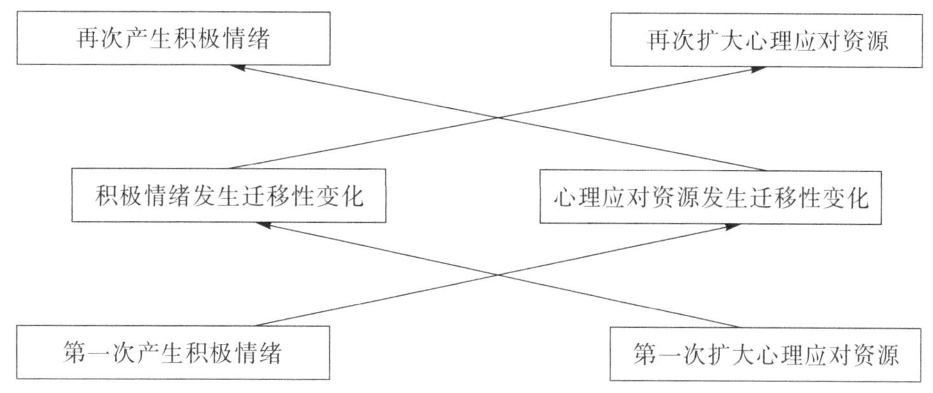

图 2-2　积极情绪与心理应对资源相互促进的螺旋式上升

此外，积极的情绪和情感力量有利于个体形成乐观型解释风格，从而更多地肯定自身能力，理性地看待问题和认识自我，而不是一遇到挫折和困难就一蹶不振，这样更有利于个体心理的成熟和发展。在整个高校心理健康教育工作的开展过程中，重视积极力量的培养，无论是教师还是大学生都处于一种愉快、信任、胜任的满意情绪状态中，不断感受积极的情感和情绪体验，更多的创造性思维会随之被激发，更多的潜能会随之被挖掘出来，能收到整个教育过程良好的互动效果，进一步促进高校心理健康教育工作的开展和实施。

（三）注重差异性发展，彰显个性化

早在几千年前，孔子就提出了“因材施教”的育人观点。大学生个体有着自身的特点，每个大学生由于先天素质以及后天生活和教育环境的不同形成了自身不同的人格特质。当今是个性化逐渐彰显的时代，关注个体的需要，尊重个体的个性发展变得尤为重要，这也是时代对培养未来人才提出的新的要求。一方面每个人自身是有差异的，另一方面社会需要的人才也是多种多样的，所以整个高校心理健康教育过程都需要注重差异性教育，关注大学生个体的特点，为不同的大学生提供最适合的教育，这才是教育最大的公平。在积极心理学引导下，加强对大学生个体需要的研究和探讨，注重自身的差异性发展，也使“以人为本”的教育理念能得到落实，进而让大学生个体自身的特性和优势得到

充分挖掘和发挥；从大学生自身的特点出发，对其进行个性化培养，寻找适合个体自身发展的路径，从而真正满足当今社会对人才的要求。

（四）加强外界配合，创造积极环境

家庭、学校以及社会作为外界环境而言，对高校心理健康教育工作的开展有着不可忽视的影响。众所周知，高校心理健康教育工作是一个系统性工程，它的顺利开展需要家庭、学校以及社会的共同努力。积极心理健康教育的研究更突出环境的重要性，在积极心理学中一直强调积极的环境可以对个体产生良好的影响，并且认为积极的环境对个体的健康成长有着不可忽视的意义和作用。外在环境是促进个体积极的情感和情绪体验产生的基础，个体的积极情绪体验、积极人格也是在外界环境中形成和发展的，并与环境产生互动影响。一个良好的环境对个体的发展有着潜移默化的支撑作用，是增进个体积极体验、塑造个体积极人格的必要条件。因此，家庭要努力创造健康、温馨的环境氛围，学校要创建乐观、积极向上的校园氛围，社会要努力建设和谐、美好的社会氛围，从而共同携手构建一个运行有序、保障有力的和谐系统。

第三章　积极心理学视角下的大学生心理健康教育课程

第一节　积极心理学视角下的大学生心理健康教育课程相关内容

大学生心理健康教育课程自开设以来在指导思想、课程内容、教学方法及评价体系等方面不断完善与发展，目的在于培育大学生优良的心理素养和健全的人格，与身体素质、思想道德素质、专业素质等相互协调，促进大学生全面健康发展，提升大学生适应社会环境的能力，为祖国青年的茁壮成长不断贡献力量。

一、大学生心理健康教育课程的指导思想

坚持用马克思主义指导大学生心理健康教育课程的设置，一要始终坚持马克思主义理论的整体性，以完整准确的马克思主义指导大学生心理健康教育课程的设置；二要始终坚持用发展中的马克思主义尤其是中国特色社会主义理论体系来指导大学生心理健康教育课程建设。在马克思主义的引领下，我国较早地设立了思想政治教育课，随着时代的变迁，传统的思想政治教育课程对促进人的发展显现出一定的局限性。经过多年的理论和实践研究，大学生心理健康教育在思想政治教育的基础上逐渐得到认可，为促进人的全面发展另辟蹊径。我国的大学生心理健康教育课程自开设以来一直具有自己的特色，即在坚持马克思主义指导下，与思想政治教育紧密结合，形成具有中国特色的大学生心理健康教育课程。

二、大学生心理健康教育课程的主要内容

大学生心理健康教育课程内容是根据一定的教育目标和社会要求，结合受教育者的实际情况，经教育者设计后有计划、有目的、有组织地传授给受教育者的具有心理素质培养和价值引导功能的心理健康信息。大学生心理健康教育课程具体的课程内容是根据大学生心理健康教育的任务、要求及教育对象精神世界的发展和思想实际的多样性确定的。大学生心理健康教育课程的各种内容之间按照特定的层次结构互相联系、相互作用，由此构成了大学生心理健康教育课程内容体系。这一体系由大学生心理健康导论，了解自我与发展

自我，适应校园生活，大学生异常心理及应对和大学生生命教育五部分构成。

（一）大学生心理健康导论

大学生心理健康导论指的是对大学生进行大学生心理发展、大学生心理健康、大学生心理健康维护的教育。

大学生心理发展先是以人的心理现象的产生和发展为起点，阐述了人的心理现象的本质及发展过程，然后过渡到研究大学生心理发展的特点、发展课题及其影响因素。进行大学生心理发展教育，有助于大学生对自身的心理发展有一定的认识和了解，能够解释自身及他人生活中出现的心理现象以及对自己在大学生活中会面临怎样的课题有一定的掌握。大学生心理健康定义了心理健康的内涵与标准，从自我认知、情绪、人格和人际关系等方面对大学生心理健康的标准作了详细的阐释。大学生心理健康问题可以分为三个层面，包括心理发展问题、心理困扰问题和心理疾病问题，其中心理困扰问题在大学生的生活中相对更加常见。进行大学生心理健康教育有助于大学生学习大学生心理健康相关标准，对自身及他人出现的心理健康问题作出大致的判断并及时寻求帮助，妥善解决问题。大学生心理健康维护主要讲述了大学生心理健康维护的重要性，影响大学生心理健康的外在因素、内在因素以及引导大学生应该怎样维护心理健康。通过大学生心理健康维护教育，有利于大学生更加重视心理健康的重要性，思考在成长过程中影响心理健康的因素并根据实际情况作出相应的调整和改变。

（二）了解自我、发展自我

了解自我、发展自我主要指对大学生进行社会认知与自我意识、情绪与情绪管理及大学生健康人格塑造的教育。

大学生的社会认知与自我意识方面首先讲述了认知与心理行为的关系，接着就社会认知的过程分为社会知觉、印象形成和归因三个阶段展开详细的解说，最后讲述了大学生自我意识的概述、发展与完善，对大学生自我意识的发展规律及调适作了细致的分析；情绪与情绪管理方面主要呈现了情绪的特点、情绪管理的相关理论与实践和大学生情商的培养与发展；人格塑造方面主要对大学生人格的形成与发展、人格的特征、人格与健康的关系及健康的人格塑造等方面开展详细的研究。进行了解自我、发展自我教育，有利于帮助大学生不断认知自己、认识他人、认识社会，尽可能地摒弃片面的认知、消极的情绪和负面的人格，从而用更加全面和积极的思想去关注世界，改变世界。

（三）适应校园生活

适应校园生活主要指对大学生进行人际交往、学业就业以及如何面对挫折与压力等方面的教育，引导大学生更好地适应大学生活。

人际交往层面主要探索人际交往存在的奥秘，无论是师生之间、同学之间还是恋人之间，人际交往都是一门非常重要的学问。在人际交往过程中，大家或多或少会遇到一些困惑和问题，需要及时发现和矫正，克服心理障碍。尤其在恋人关系中，我们要学会爱自己，爱对方，培养健康的恋爱心理，提升爱的能力。此外，大学生在恋爱期间还需要树立正确的性观念，重视自身的身心健康。学业就业层面主要关注大学生学业就业的心理困扰及调适。自律、优良的学习习惯受益一生，发展创造力、塑造创新思维有助于提升大学生巧妙解决问题的能力。每位大学生都面临着生涯规划问题：自己有什么基础？想要怎样的人生？如何去努力？这需要大学生具备良好的自我探索、全面分析内外环境、合理决策的能力及行动力。大学生在整个生涯规划过程中都需要培养健康的心态、健康的择业心理，适应不断变化着的环境。挫折与压力层面主要讲述了生活中常见的挫折与压力、两者之间的关系以及通过何种途径进行调适，帮助大学生正确认识和面对挫折与压力。

（四）大学生异常心理及应对

大学生异常心理及应对主要指对大学生进行异常心理及应对和心理危机的识别与干预的教育。

大学生心理健康教育中所指的异常心理即精神疾病，该主题对异常心理的判断、表现及如何应对并处置作了详细的研究。当大学生出现心理危机，该如何识别与应对，抓住机会挽救他人是一个严肃的课题。进行大学生异常心理及应对教育，不仅有利于引导大学生自身防御异常心理，也有助于大学生之间相互识别和应对异常心理从而及时实施帮助，减少悲剧的发生。

（五）大学生生命教育

大学生生命教育主要指对大学生进行生命价值与生命态度的教育。生命是神圣的、有价值的。大学生应该经常问自己为什么活着，应该如何生活，如何能活出想要的生命感。生命是鲜活而有意义的，大家应该珍惜它、爱护它，让它尽情绽放。进行大学生生命教育，有利于引导大学生正确看待生命，无论遇到何种困难，都不能放弃自己的生命。

三、大学生心理健康教育课程的特点

大学生心理健康教育课程的目标是帮助大学生树立心理健康意识，优化心理素质，增强心理调节能力和社会生活适应能力，预防和缓解心理问题；帮助大学生应对环境适应、自我管理、人际交往、情感交流、求职、个性发展和情绪调节等问题，从而提高他们的健康水平，增强他们的整体素质。大学生心理健康教育课程的目标决定了其必须具备以下几个基本特征。

（一）发展性

大学生心理健康教育过程中的发展性是指大学生在遇到心理困惑、心理问题时，能够保持积极的心理取向，坦然面对心理问题，积极解决问题，并认识到问题不是他们成长的阻碍，而是发展不足，弥补“短板”，进而实现全新发展的过程。积极心理学的研究取向更多的是通过培养大学生积极的心理品质，帮助大学生更好地解决生活中、学习中、人际交往过程的问题，进而培养大学生积极向上的人生态度。

（二）参与性

大学生心理健康教育过程的参与性是指大学生应在教师的指导下积极参与教学活动的全过程。在大学生心理健康教育过程中，要培养大学生的心理调节技能，为他们提供有效的方法来保持心理健康，提高他们的心理素质，使他们学会自我调节的技能，可以有效地消除自己的心理困惑，及时调整自己的负面情绪。这就要求教师要调动大学生的参与性，鼓励学生主动剖析自我，为大学生带来更多的积极心理体验，营造积极的课堂环境，为大学生培养积极心理品质提供良好的平台。

（三）实践性

心理健康教育过程的实践性不仅体现在课堂理论教学中，也体现在团体活动中。在心理健康教育过程中，教师应将大学生面临的实际问题带入课堂，并与大学生进行讨论，进而促进大学生对理论知识的掌握与实践技能相结合，深化大学生对心理健康知识与技能的认知。接受心理健康教育的大学生，则应该把他们学到的理论运用到现实生活中进行测试和验证，及时发现问题、提出问题、分析问题和解决问题。

（四）主动性

大学生心理健康教育的主动性主要体现在两个层面。其一，是指高校要主动适应时代的要求，积极满足广大学生获得心理健康教育的需求。高校的宏观调控与管理在推行大学生心理健康教育课程中发挥着举足轻重的作用。高校对该课程的重视，是发挥心理健康教育主动性的重要表现。其二，是指在课堂教学的过程中教师要尊重和激活大学生的主动性。大学生心理健康教育的主动性不仅是大学生在心理健康课程学习中表现出来的热情、兴趣以及积极性，更重要的是大学生在学习过程中具有的思想意识。

四、大学生心理健康教育课程的教学方法

大学生心理健康教育课程在教学方法层面与其他学科有共同点也有不同点，其教学活动丰富多彩、形式多样。其中比较常见的大学生心理健康教育方法有理论讲授法、体验式教学法、自我教育法、案例教学法和咨询辅导法五种。

（一）理论讲授法

理论讲授法又称“灌输法”，要求教师具备规范的语言表达能力、独特且吸引力强的

讲授风格以及专业的课程知识等。该方法运用得当对师生来说将会双方受益，运用不当则将会是两败俱伤。因此，讲授者在理论授课过程中需要切实了解大学生的需求，根据理论和实践经验向大学生传授丰富多彩的心理健康教育知识，引导大学生树立健康的生活态度，培养健康的思维，用科学的马克思主义理论知识和心理健康教育知识分析问题并解决问题。

（二）体验式教学法

体验式教学法是指教育者有计划地引导受教育者参加各种社会实践活动，促使受教育者在实践中形成健康的心理素质和良好的思想品德的方法。马克思主义认识论和实践观清晰地指出实践与认识之间的联系，实践是检验真理的唯一标准。对于大学生心理健康教育课程而言，团体心理辅导活动是该门课程进行体验式教学的常见方式。教师在开展团体心理辅导活动时需要根据受教育者的年龄长幼、职业特性、个人思想等特点，具体问题具体分析。活动要主题清晰、内容深刻且活动时间规律，走马观花式地走过场只是在浪费师生双方的时间和精力，做无用功。

（三）自我教育法

自我教育法是指受教育者在心理健康教育者的引导下，进行自我认知、自我反思，自觉接受符合当今社会要求的社会主义思想观念和道德规范，从而提高自身心理健康素质和思想道德品质的方法。自我教育法要求教育者具备激发受教育者自我教育的思想与能力，帮助受教育者养成自我意识、自我教育、自我发展的习惯，对于教育者来说这是一种非常重要且有一定难度的能力。根据教育对象的不同，自我教育可以分为个体自我教育和集体自我教育两种类型。

（四）案例教学法

案例教学法的目的在于引导教育对象培养更加健康的心理素质、提高自身思想认识、调整身心状态，一般通过具有典型意义的人或事来达到示范、警诫的作用。对于大学生心理健康教育课程而言，首先，既要选取正面的案例示范也要选取反面的案例示范，正反面的案例对比能够给予大学生反差感，让大学生感受到清晰且强烈的对比，有益于其判断是非。其次，这些典型示范的人或者事物必须具有一定的真实性，不可夸大编纂。接近大学生生活的案例才能让他们感觉到真实、贴切，让他们代入身心去感受和体会。过分夸大的案例会让大学生觉得不切实际并产生反感的心理，对教师及本课程都会有一定的影响。最后，人或事物的呈现并不是只能依靠口头表述的方法，还可以借助新媒体技术呈现人物和事件，给予大学生视觉和听觉上的冲击，使他们产生更加深刻的印象。

（五）咨询辅导法

咨询辅导法是指心理健康教育者凭借专业的知识和经验，为受教育者提供专业的分析与解答，侧重于通过专业教师的智力劳动引导大学生思考有效解决问题的路径。教育者利用语言、文字等形式与受教育者进行沟通交流，对其思想和行为给予启发、引导。咨询辅导法是一种规范性更加严格的方法，教育者在咨询辅导过程中需要与受教育者之间建立良好的信任关系且要遵循一定的伦理准则，在进行深入且有效的交流过程中帮助受教育者解决思想和心理问题。

五、大学生心理健康教育课程的评价体系

当前，对大学生心理健康教育课程教学质量作出科学评价成为促进大学生心理健康教育课程长远且深入发展的一项重要任务。根据对国家相关政策文件标准和相关文献的研究，可将大学生心理健康教育评价体系划分为教师评价指标体系、学生评价指标体系、教材评价指标体系和教学环境评价指标体系①。

（一）教师评价指标体系

教师评价指标体系包括对教师素质、教学态度及教学能力等的评价。教师是教学活动中的重要角色之一，师资教学水平影响学生吸收知识、内化知识、输出知识的能力。因此，教师是否具备一定的教师资格和课程素养，能否准确且有深度地开展教学活动并及时根据教学效果进行改进十分重要。

（二）学生评价指标体系

学生评价指标体系包括对学生素养和学生学习过程的评价。学生是教学活动中另一个重要的角色，只有学生拥有较好的身心素养，养成良好的学习习惯，掌握合适的学习方法才能更好地学习并应用知识。因此，需要不断对学生的思想健康情况和学习能力进行考察和分析，及时调整教学活动或教学计划。

（三）教材评价指标体系

教材评价指标体系包括对教材目标和教材内容的评价。无论是教学目标还是教学内容，都需要具备一定的科学性、合理性、实用性。教材是传授知识的重要载体之一，小到字句的规范、大到整体框架的稳定都需要反复斟酌、认真衡量。

（四）教学环境评价指标体系

教学环境评价指标体系包括对硬件建设和软件建设的评价。无论是硬件建设情况还是软件建设情况都会对教学效果产生一定的影响，而硬件和软件的建设需要充足的保障。在其他条件准备充分的情况下，教学环境越优化，教学效率会越高，反之，则会越低。因此，在教学活动开展过程中也需要不断改善教学环境。

---

① 张琴．构建大学生心理健康教育课程评价标准研究［D］．成都：四川师范大学，2013.

第二节 积极心理学视角下的大学生心理健康教育课程的策略

情绪是主观的，但会受客观的影响。在大学生心理健康教育课程中发挥提升大学生情绪调节能力的积极作用，可从课程设置、教育环境、教师能力和学生努力四个方面出发，遵从主观符合客观的规律，采用理论联系实际的观点，以此提高大学生心理健康教育课程的实效性。

一、完善课程设置为提升大学生情绪调节能力奠定基础

世界上的每一个事物都有其存在和发展的过程。大学生心理健康教育课程是时代向前推进的产物，是高校教育的重要组成部分，有着其独特的发展规律。作为年轻事物，它仍需要不断完善课程设置才能更有效地发挥作用，给高校教育、大学生发展带来更大的福音。

（一）制定完善的课程目标

在情绪教育的目标上，要做到知识与技能目标相结合，认知与能力目标相结合，时刻注重情感态度价值观目标的实现。课程中要求具体问题具体分析，围绕大学生心理健康教育课程指导纲要，根据社会发展、大学生个人发展要求去制定教学目标，紧跟时代步伐，掌握大学生最新情绪动态信息，及时制定更符合大学生的课程目标，在大学生掌握自我调适基本知识的同时，提高其心理调节技能，能够及时进行自我调适，以适应大学生学习生活乃至以后工作生活的需要。

（二）选取丰富的课程内容

教材是课程教学的基础，在大学生心理健康教育教材内容的选择上，要贴近大学生实际，贴近时代特征，贴近国家社会的发展方向；要有理论的支撑，更要有实践的基础，共同致力于大学生的身心健康发展，为大学生提供更多的心理能量。现阶段课程基本包括情绪的概述、大学生现阶段以及未来可能存在的情绪及其情绪所造成的影响等，培养大学生拥有健康良好的情绪状态，掌握不良情绪的表现并给予及时的调节，以提高大学生情绪调节能力，使其更好地应对来自学习、生活和工作的压力，勇敢面对未来生活的挑战。此外，课程内容还应具有灵活性，根据不同教学情况，可更替、补充、修改和完善情绪调节教学内容，促进课程育人功能的开发。针对不同年级的大学生，可重点增加阶段性常见心理问题的相关内容。比如，在大一期间重点解决学习生活适应问题，在大二期间重点解决大学生学习生活压力以及情感问题，在大三期间重点解决大学生对自己未来的前途规划问题，在大四期间重点解决大学生实习就业问题等，以更好地指导大学生调节自身情绪。还

可针对不同的心理问题开设心理健康教育辅助课程，比如就业心理课、恋爱心理课、学习心理课、发展心理课等，以促进课程内容的丰富与发展。

（三）采用创新的教学方式

在教学中，要把大学生的学习积极性、内在情感调动起来，让情绪调节贯穿整个大学生心理健康教育课程。大学生心理健康教育课程的教学方法具有多样性，比如体验式教学法创设情境让大学生身临其境，案例教学法结合大学生遇到的心理情绪案例进行教学分析，还有讲授法、探究法、谈论法、演示法、练习法、实验法、情景表演等，可根据课程需要选择最佳的教学方式。同时，针对大学生心理健康教育的特殊性，可以采用大学生团体辅导训练的形式开展，制定关于情绪管理主体的团体训练，发挥朋辈教育的影响，利用各种适当的心理游戏和心理测验，提升大学生情绪心理体验。在新媒体时代，还可以利用网络媒体资源为课程服务，网络信息技术的发展给教育教学带来巨大冲击，同时也促使进行强有力的教学改革，促进教师转变教学理念、学生转变学习观念。发挥网络信息技术优势，采取线上、直播教学手段，建立课程教学资源平台，向大学生提供丰富的学习资源以及在线指导课程教学服务。在现实课程中，也可利用多媒体信息技术服务大学生，采用线上线下相结合的混合式教学，促进教与学的转变，同时发挥多媒体的基本功能，采用视频、图像、动画、声音等结合方式，活跃课堂氛围，提高大学生学习积极性。针对较为前沿的专题，可以邀请专家开展相关讲座，对理论与实践进行更深入的探讨。总之，面对多样的教学方式方法，课程教学应具体问题具体分析，以更好地发挥大学生心理健康教育课程培养大学生情绪调节能力的功能。

二、优化心理健康教育环境为课程实施创造良好条件

课程的发展壮大，与其所处的教育环境关系密切。针对大学生存在的情绪问题，需要社会和学校为其提供一个良好的发展氛围，重视心理育人的环境，明确解决大学生心理问题的重要性，才能促进心理课程大厦的建设。

（一）重视大学生心理问题，营造良好的社会环境

国家重视大学生的心理健康问题，注重大学生心理健康教育课程的实施，为高校对大学生进行心理健康教育创造了良好的社会氛围，促进了大学生身心健康发展。国家重视大学生心理健康教育课程体现在国家财政资金支持以及具体相关制度的落实上。首先，国家加大对大学生心理健康教育的财政投入，给高校对大学生进行心理健康教育提供了有力的物质支持，满足高校对于心理健康教育设施如教室、活动室、心理器械、多媒体设备、心理咨询室、网络建设等的需要，促进高校教师为大学生心理健康教育事业赋予满腔的热情和期待以及提高大学生学习心理知识与体验的积极性。其次，国家为大学生心理健康教育

课程提供制度支持是课程得以顺利开展的有力保障。加强课程管理，建立明确的管理体系，发挥准入机制、监督机制、评价机制的作用。在落实课程要求的时候需要实行课程管理，注重课程监督评价机制，对教师与学生进行监督和考核，提高教师工作以及学生学习的质量，确保课程的有效实施。最后，落实教育部按照师生比不低于 1∶4000 比例配备专业教师，每校至少配备 2 名专业教师的要求。目前虽然专业教师数量缺口很大，但在考核准入机制上，应更加严格与规范，宁缺毋滥。

（二）加强校园心理文化建设，创造优质的育人环境

校园是大学生学习和生活的场所，加强校园心理文化建设，让大学生在校园生活中时刻感受心理健康教育的熏陶，促进大学生对心理健康教育的认识与理解，以此辅助心理健康教育课程教学，提升心理健康教育教学效果。

首先，加强校园心理健康教育活动的开展。在心理健康教育课程学习之余，高校应尽可能组织大学生参加素质扩展活动以及相关的心理健康教育活动。例如，利用大学社团组织大学生开展心理知识竞赛、心理演讲比赛、心理征文比赛、心理游戏、心理情景剧比赛、心理健康教育歌舞比赛、心理微电影大赛、心理成长小报等一系列心理健康教育特色活动，还可以开展心理咨询定期体验、提供倾诉心事的场所、支持发送心理困惑的信息到信箱邮箱等方式帮助大学生解决心理问题，以此提升大学生对心理健康教育知识的学习与体验。同时，也可以组织大学生参与户外活动，鼓励其多参加社会实践，如走社区、下基层等与心理健康教育相关的调查走访活动，让大学生在实践中感受情绪的变化，明白情绪带来的影响，并努力克服情绪带来的不良影响，充分发挥情绪的积极影响，尽可能提高自身情绪调节能力，以更好地应对社会带来的压力与挑战。

其次，加强校园心理健康教育知识的宣传。宣传是校园心理文化建设的重要组成部分，也是促进课程育人的重要手段。宣传的手段多种多样，可通过收集筛选国内外相关媒体的网站、新闻、报纸上的心理案例以及近期社会上或者大学里出现的大学生心理问题，及时在宣传栏上进行公开。宣传时分板块、分主题进行系统的宣传，图文并茂以吸引大学生关注并学习，让大学生遇到心理问题时得到警醒与启发，促进大学生预防心理问题以及疏导心理情绪，以此达到心理健康教育宣传的目的。此外，还可以在相关网络上宣传心理健康教育知识。除了对心理健康知识进行挂网、推送以外，还可以提供更多的心理咨询服务资源，如在网站上开设人工咨询通道或者心理咨询预约，在大学生遇到情绪问题时给予及时的干预与调节，促进大学生身心健康发展。

三、提升教师的教育教学能力以推动课程有效实施

教师是课堂的主导，打造优质课程，提高大学生情绪调节能力，需要灵魂工程师的引

导。因此，大学生心理健康教育课程的教师起关键作用，这也决定了对心理健康教育教师的高要求。

（一）加强理论修养，提升科研能力

大学生心理健康教育课程的教师要提高学术水平。我国的心理健康教育研究起步比很多发达国家晚一些，在理论知识上还有待丰富与发展。应根据我国国情，在借鉴优秀成果之时要适当落地生根，立足于我国大学教育实际现状对理论知识进行创新发展。大学生心理健康教育课程是一门研究性课程，理论水平决定课程深度，要求教师具有一定程度的学术修养，在大学生遇到心理问题或者向大学生传授心理健康教育知识时，能够引导大学生学会情绪调节，同时要拥有丰富的学识，能够用理论知识解释现实心理问题以提升大学生对情绪的认知。教师要关注关于心理的最新学术动态，积极参加相关学术论坛、学术讲座，抓住每一次与专家学者交流见解和观点的机会，通过专家学者的建议与提点，深入思考问题、分析问题、解决问题，不断给自己补充学术营养，提升自身学术水平。同时，利用进修学习的机会，加强理论与实践的学习，钻研属于自己的学术领域，为在教学中展示教学魅力奠定基础。

（二）提高教学水平，提升专业能力

大学生心理健康教育课程的教师不仅需要丰富的理论知识，还需要学会把知识传授给大学生，这就要求教师拥有较高的教学技能。每一位教师入职前都要经过专业的教育培训，要求教师努力学习培训知识，提升课程教学各方面的能力，以应对职业发展的要求。在平时的生活中，教师需要时刻注意自己的言行举止，用自己的实际行动去感染大学生以及指导大学生。由于大学生心理健康教育课程的特殊性，教师要学会运用多种教学方式。比如，运用体验式教学、团体辅导、角色扮演、讲授与讨论等教学方式，让大学生更多地去体验、去感受、去调节、去提升积极心理品质。教师还要提升对大学生进行心理辅导的能力，在大学生有情绪问题时能够运用自己的调节能力去调节大学生情绪，掌握课程的主动权，引导大学生时刻注意提高自己的情绪调节能力。教师应掌握教学内容，明确教学目标，注重教学反思与评价，教师之间多交流学习，相互听课与评课，并利用机会多参与心理教育课程微课比赛等与提高教师水平相关的活动，以赛促教，以此提高教育教学能力。

（三）关注学生心理，加强教师合作

大学生是社会关系的集合体，有共同的心理发展问题，在调节大学生心理情绪问题时可根据共同的心理发展规律进行疏导与调节。但大学生也是独立存在的个体，每个人的生活环境或多或少存在着区别，针对不同大学生的情绪状况，应具体问题具体分析。情绪的变化性较大，有时候稍纵即逝，而有时候影响深远，所以对待情绪问题教师要有即时性、紧迫性、必需性，情绪调节运用得好会是生活的催化剂，运用不好可能就会带给人们无尽

的悲伤与痛苦。在大学生的学习生活中，教师要深入大学生内部了解和观察他们，向辅导员和其他任课教师了解大学生心理情况，并利用一切了解大学生情绪动态的资源，掌握大学生最新情绪心理信息，向大学生提供可靠的咨询渠道与辅导服务，消除大学生在学习生活中遇到的心理困惑。同时，教师还可以与心理健康教育相关课程的任课教师合作，适当在其他课程中对大学生心理健康教育知识进行渗透，让心理健康教育在高校能够得到广泛传播，提高大学生学习心理健康知识的积极性，促进大学生保持情绪健康、身心健康。

四、要求大学生努力学习心理知识以调节自身行为

唯物辩证法认为，事物的发展是内外因共同起作用的结果，外因是变化的条件，内因是变化的根本，外因最终通过内因而起作用，所以在大学生心理健康教育课程中提升大学生的情绪调节能力，最根本、最离不开的因素就是大学生本身的配合与努力。

（一）努力学习理论，提高认知水平

首先，要端正学习态度。学习态度决定学习质量，大学生在课程中应配合学校和教师的教育教学活动，包括学校鼓励参与的心理活动、社会实践以及教师为大学生开辟的第二课堂，做到有所收获与启发，深刻理解上课不是为了单单拿到学分，而是要明白课程给自己带来的作用与福利，解决生活学习中遇到的心理问题，促进自己的完善与成长，以应对未来社会发展乃至自身发展的挑战。其次，充分利用学习机会。大学生在课堂里能够学习的知识是较为有限的，需要他们在课外补充大量的知识，才能进一步提高自身理论修养。在平时的学习生活中，应多珍惜每一次学习的机会，不断去补充知识完善自己。人有七情六欲，情绪本身是人类自然发展的产物，先天因素没法改变，但是可以通过学习，让情绪发挥情绪力，最终服务于人类自身。大学生应该具有此类情绪意识，不断加强理论知识的学习，发挥情绪调节带给自身的积极作用。

（二）关注情绪发展，调节自身行为

学习实际上是一个内化于心、外化于行的过程。大学生在课程学习中应充分发挥主观能动性，关注自身情绪变化，明白情绪的由来、调节与发展，理解如何控制情绪、调节情绪、运用情绪和升华情绪。在努力学习情绪理论知识的同时，应加强理论与实践的结合，结合自身的特殊性，有效借鉴他人情绪调节方法，具体问题具体分析，根据形势需要、自身需要去改变与调节，找到最合适自己调节情绪的方法。同时，利用所学知识指导生活与学习中遇到的情绪事件，让情绪调节成为自身学习生活中的催化剂以及未来生活的努力方向。调节自身情绪，规范自身行为，这是情绪教育对大学生的基本要求。在平时的学习生活中，大学生应时刻意识到理性解决情绪问题的重要性，充分掌握情绪调节的行为方式，明白哪些情绪行为可取、哪些情绪行为不可取以及在未来的学习生活中应如何努力去改变

自身不良的情绪行为，以促进自身综合能力的全面发展。只有努力调节自身的行为，才能更好地控制情绪，让情绪发挥自身积极力量，从而使大学生更好地追求美好生活，感受幸福快乐的人生。

五、提升高校辅导员在就业工作中的角色定位

（一）高校学生自身价值评估的指导者

大部分高校辅导员的年龄与学生相差不多，在沟通与思考方面与学生较为接近，在生活中能较快与学生打成一片，成为朋友关系。辅导员的日常工作、日常生活管理等，在与学生进行相处时对学生的家庭情况、性格、素质、兴趣、学习能力、专业水平等均能实现有效掌握，为此高校辅导员可以对学生综合能力进行有效的评估并帮助学生更加全面地了解自己。

（二）职业规划的参谋者

高校辅导员要实现对学生毕业后就业的有效干预，需要在新生入学时就做好铺垫，为新生规划好职业方向并通过不断的职业能力培养与道德熏陶，帮助其产生职业素养形成自主意识。辅导员通过对学生专业前景的有效了解，让学生对未来产生憧憬并明确目标，可以从学生的角度帮助他们制订学习计划使其在大学生活中能有规律、有步骤、分阶段地逐渐形成职业素养，并通过专业能力的提升使其形成强有力的竞争力。辅导员与学生相比已经经历过学习阶段与就业探索阶段，能较为透彻地理解学生面对就业时的困境，也对职业有清晰的认识，这对辅导员开展学生职业规划有很大前瞻作用；辅导员对学生职业规划的有效参与能使学生更多地挖掘自身潜能，并充分发挥自身特点投入学习与生活中，提升专业能力与职业素养，在未来步入社会后能更快地适应环境、更早地掌握先机，充分地展现自我价值。

（三）提高就业能力的指导者

辅导员在对学生进行就业辅导时要首先掌握就业程序，并通过自身所掌握的信息传递给学生让其更快地适应与更早地准备。比如，简历制作要符合用人单位的需求，突出重点、内容简洁并能充分彰显自身才华，版面要规整让人过目不忘，如此才能在众多的简历中脱颖而出。而在面试环节大部分学生因经历较少很容易紧张、怯场，使自身能力无法充分发挥，也有的学生过于放松使思绪乱飞，这些都造成了面试的失败。对此，辅导员要通过情景再现的方式帮助学生掌握面试技巧，实现与面试官的有效沟通，进而帮助学生摆脱面试中的复杂心理使其斩获成功。辅导员还应帮助学生树立起战前准备的习惯，在选择公司前要具有一定的筛选能力，能够自主地挖掘用人信息并进行过滤，将一些“皮包公司”、前景惨淡的公司淘汰掉，选择后要对其进行信息的全面收集以实现有效的掌握，避免误入歧途与受骗。

（四）缓解就业压力的指导者

辅导员要对准毕业生进行心理上的健康辅导，帮助他们摆脱就业恐惧心理。大多数学生在面临毕业时对未来会感到迷茫、没有方向。对此，辅导员应在学生在校期间就为其制订毕业后规划或鼓励他们在校时就尝试投简历、参加面试等活动，尽早熟悉职场环境进而减缓毕业后的就业心理压力。辅导员不是在学生毕业后就不管他们了，而是要持续跟踪并帮助他们摆脱各种就业压力，使其步入社会后心态逐渐稳定、积极向上。辅导员还要在学生在校时就帮助其摆脱掉懒惰、依赖等负面习惯，以此更好地适应未来工作中的节奏。

（五）鼓励自主创业的启发者

如今互联网的普及使就业便利性得到提高，同时也充斥着各种机遇，高校的学生具有较好的年龄与环境优势，可以尝试更多的方法步入职业生涯，其中自主创业是理想的方式之一，能够有效地摆脱就业压力并提升自身职业素养与信心，在校期间还会受到国家、学校、教师与辅导员的联合帮助，机遇难得。对此辅导员应发挥出启发作用，积极鼓励学生正确认识自主创业的利与弊，并通过开展创业讲座、成功案例介绍等方式让学生产生兴趣、规避窘境，同时通过辅导员的有效把控使其明确方向收获成功。

第三节 优化大学生心理健康教育课程思政建设的策略

一、遵循大学生心理健康教育课程思政建设相应原则

（一）整体性原则

大学生心理健康教育课程思政建设自上而下涉及多个部门和不同主体，是一个庞大且复杂的体系，每一个部门和主体都发挥着重要作用，不容懈怠和忽视。比如，高校心理健康教育部门要积极准备，搭建完善的育人机制；大学生心理健康教育任课教师要充分研究如何系统地开展教学活动，包括对教学目标的定位与设置、对教材的选择与更新、对教学方法的使用与创新等。在大学生心理健康教育课程思政建设这项工作的链条上，任何一个“扣子”掉落或磨损，都会对整体建设效果产生一定的影响。因此，每一个环节都需要认真考量并紧抓，用全面的眼光分析问题才能达到理想的效果。

（二）规范性原则

在大学生心理健康教育课程思政建设这个庞大的体系中，部门众多，主题多样，如何让各部门各司其职，主动担负责任，精确完成任务是一个需要着重分析的话题。在问卷调查中我们也发现，很多高校的大学生心理健康教育课程思政建设效果一般，甚至浮于表

面，不够深入。出现这种情况的原因之一就是缺少强有力的规范和监督，在缺少严格督导的情况下有些责任主体会逐渐“敷衍”，任务式工作，追求轻松。当一个部门开始懈怠，从众心理会导致其他部门开始效仿，久而久之该项工程就会被搁置。因此科学、规范的理念应该贯穿于大学生心理健康教育课程思政建设的始终，严谨地前进，才能降低出错的概率。

（三）特殊性原则

大学生心理健康教育课程属于人文社科类课程，与理工类课程有一定的区别，它更加注重对人的心理与价值观的教育而不是科技教育。此外，大学生心理健康教育与思想政治教育之间存在着密切的联系，相对于其他课程具有其特殊性，所以不应该简单借鉴其他课程思政建设的模式，而是要具体分析大学生心理健康教育课程的特点，设计具有针对性的实施方案。在大学生心理健康教育课程思政建设实施过程中，从其特殊性的视角去分析，才能更有效地推进大学生心理健康教育课程思政建设。

二、完善大学生心理健康教育课程思政建设育人机制构建

（一）强化党政领导，引领规范前行

党政领导者相较于其他岗位的领导者而言，对中央和国家的相关政策更加敏感、更加熟悉，能够时刻站在党和国家以及人民的立场思考问题。因此，大学生心理健康教育课程思政建设育人机制构建这类高难度的统筹性工作需要党政领导花费大量的精力规划与落实。构建大学生心理健康教育课程思政建设育人机制是要发挥好大学生心理健康教育课程的育人功能，坚持以习近平新时代中国特色社会主义思想为理论基础，在大学生心理健康教育课程教学过程中对学生进行思想政治教育，具有鲜明的政治属性。因此，党政领导者应结合时势，根据国家相关部门下发的文件政策，组织高校制订大学生心理健康教育课程思政协同育人教学计划，将其存在的问题形成专题进行讨论，达成共识，共同制订包括人才培养方案、教学目标和教学内容改革、奖励和质量评价等方面的规章制度，保证大学生心理健康教育课程思政建设育人工作系统化、规范化运行。

（二）搭建辅助平台，准确应对难题

1. 督导平台

督导是对制造产品或提供服务的员工进行管理的人。顾名思义，督导平台就是由督导人员组成的督导机制。大学生心理健康教育课程思政建设受党政的领导与支持，就必须接受党政的监督、评估、限制。在党政领导下的顶层设计较完善的前提下，下级各部门具体的执行状况如何就需要实时跟进并作出合理调整。比如，在大学生心理健康教育课程相关

的教职工选拔方面，需要严格按照选拔制度执行，教职工的思想品质占据首要地位，其次是能力考察。在选拔过程中需严格谨慎考核，如果存在疏漏会影响大学生心理健康教育课程思政建设的整体效果；在相关教职工管理方面要严苛有力，开展专业的职前和在职培训，推行职业标准，如教职工言行不一，不可包庇放纵；对教职工的教学能力考察、薪资绩效考核需真实客观、公开透明等。

2. 教学研究平台

教学研究平台需要挑选大学生心理健康教育课程中具有丰富教学经验的教师组成课程思政协同育人教学改革指导团队，负责高校大学生心理健康教育课程思政协同育人教育教学改革的具体研讨和指导工作。在大学生心理健康教育课程教学研讨中，任何与大学生心理健康教育课程思政建设相关的教师都可以参与研讨并学习。教学研究平台的设立有助于对高校大学生心理健康教育课程教学相关教师的课程思政育人意识与能力进行全方位检索。其一，在对教师教学工作进行检索过程中可以根据教师擅长的领域对教师进行划分，如部分教师适合做科研，部分教师适合教学，那么在大学生心理健康教育课程思政建设过程中便可以发挥不同教职工的长处，取长补短，互相合作，努力创造最优成果。其二，在检索过程中可以总结出不同教师在开展大学生心理健康教育课程思政建设具体教学活动时的详细优缺点并及时给出建议或调整。例如，有些教师课程思政育人意识不足，有些教师对大学生心理健康教育课程中的思政元素把握不到位，有些教师教学方式陈旧，思政内容融入效果不佳等；相反地，有些教师在这些方面成果突出，可作为榜样示范，鼓励其在教学研究平台向其他教师分享，相互学习。

（三）推动多方协同，共享合作成果

大学生心理健康教育课程思政建设工作若想取得较优效果，离不开高校之间、高校内部各部门之间及大学生心理健康教育相关教师之间的高效合作。不同高校在大学生心理健康教育课程思政建设方面具有相同的目标，但是实现目标的路径不一定完全相同，不同高校可以相互参观和借鉴对方的育人机制构建、行政管理模式、教学改革规划等，推动大学生心理健康教育课程思政建设工作高效发展；高校内部各部门之间的工作内容、责任划分、具体流程等均需要部门之间清晰认定和按规定运转，多米诺骨牌效应警示高校各部门需严谨、准时办公，环环相扣的联动机制运用得当会促成有意义的成果，反之会造成严重的危害；大学生心理健康教育相关教师之间应树立正确的育人理念，不应被金钱名利束缚，要处理好竞争与合作的关系，要共同研讨教学内容，相互学习优秀的教学方式，反思不足，齐心协力为大学生心理健康教育课程思政建设作贡献。兢兢业业、无私奉献方能实现更多个人价值与社会价值。

（四）完善评价机制，保障育人实效

构建具有系统性、层次性、科学性的大学生心理健康教育课程思政建设育人机制，必须始终坚持以德育成效作为基准，设立相应的评价制度与准则。大学生心理健康教育课程思政建设育人机制评价主体可以包含专家、教师、学生、家长、社会等多个主体。根据不同主体的处境设置便捷有效的评价内容和评价方式，以保证评价的全面性、有效性，从而在大学生心理健康教育课程思政建设育人过程中作出进一步调整。全国各高校在大学生心理健康教育课程思政建设育人工作实施过程中既有普遍性又有特殊性，各高校应根据自身的实际情况设立更加精确、有针对性的教学质量评估系统，对高校课程思政建设育人的工作质量进行评估，并定期在高校官网上公布工作成效以及遇到的困难。在质量评估系统建构过程中，应尽可能优化数据采集方法，系统收集更全面的测评内容，为评价实践的开展提供更加有效的数据信息。

三、提高大学生心理健康教育课程思政建设教师育人水平

（一）深入培养课程思政理念

课程思政是非常具有进步意义的教育理念，它在从理念到实践的发展过程中为我国教育事业的发展提供了显著价值。以往我国的思想政治教育主要以显性教育为主、隐性教育为辅，如今诸多弊端逐渐显现。当下，高校应提升思想政治隐性教育的地位，强化课程思政理念，充分利用大学生心理健康教育课程思政建设育人平台对教师开展理论和实践培训，引导大学生心理健康教育相关教育者转变传统的教学理念，将大学生心理健康教育课程思政教学放在等同于思想政治教育理论课一样重要的位置去审视与执行。因此，需要端正教育者对大学生心理健康教育课程思政建设的态度，只有教育者足够认可和重视课程思政，才能在大学生心理健康教育课程思政建设过程中有更多的创新，取得更加优异的成绩。

（二）精准规划教学内容

教育者是教学的主体，精准地把握教育内容是教育者的重要任务之一。当前高校教师在大学生心理健康教育课程中融入的思政内容依旧参差不齐，本质原因在于许多高校的相关教师对大学生心理健康教育蕴含的思政元素仍未梳理清晰，未形成统一规范的标准。教育者在大学生心理健康教育课程中融入已挖掘出的思政内容时还应该根据时代的变化不断深入研究，不应仅仅停留在当下课程思政理念所指的思政内容中，还需要不断丰富大学生心理健康教育思政元素，如全球化教育、环境教育、安全教育等，并开展有意义的教学活动。

（三）勇于创新教学方法

教育者在开展教学活动时应善于运用各种教学方法，引导学生尽可能全方位地参与到

社会生活中，贴近生活地去体会社会环境中蕴含的大学生心理健康教育知识和思想政治理念，以便更有效地推进大学生心理健康教育课程思政教学改革。

1. 注重环境熏陶

在大学生心理健康教育课程教学中，部分教育者深知让学生身临其境地学习是一种非常高效的教育方式。把学生引领到真实的环境中，让他们的各种感觉器官都敞开接收事物，会直观地对他们的思想意识形成一定的冲击。因此，在大学生心理健康教育课程教学中融入思政内容时，教师需尽可能地为学生提供能够让学生深切感受、传达理念的环境。在科技与网络繁荣发展的背景下，教师可以充分利用科技为教育提供的诸多资源创设环境，也可以有效利用校内外已搭建齐全的各种环境场地。在频繁的环境熏陶下，学生耳濡目染，会自然地领悟教师想要传达的思想。

2. 巧妙进行理论渗透

无论高校是否已成熟推进大学生心理健康教育课程思政建设，都应该努力优化甚至摆脱灌输式教学方式，强调渗透法。教师应该努力掌握渗透思政内容的技巧，让学生在不知不觉中吸收知识，潜移默化地改变自身。比如，教师可以让学生在课堂上分析某个心理问题时，也站在思想政治教育的角度研究和分析该问题反映出怎样的文化问题、政治问题、道德问题等，从而提高学生的分辨能力，树立正确的价值观。该种教学方法有益于指导学生进行自我反思，鼓励学生去思考、探索、感悟是非对错，这远比灌输式教学给学生带来的印象更加深刻。

3. 鼓励行动参与

实践印象往往比言语印象要更加深刻，大学生心理健康教育课程思政建设应该丰富实践教育方式。首先，教育者不应刻板地守住传统教学模式，致使学生只能局限于某几类场所学习和活动，而是应该根据教学需要尽可能地多变换教学模式，选取最有效的教学方法，如心理咨询模拟、辩论赛、角色扮演、社会调研、团体心理辅导、学术活动……让学生在多种类型的活动中学习知识，锻炼各种能力。其次，实践活动的场所不应局限于校园，可以与社会上的各种机构合作，如校外的一些心理咨询机构、福利院、博物馆等。实践教学活动不仅能让当下的学生有深刻的感悟和思考，活动留下的痕迹也会对其他学生产生一定的影响。

（四）致力健全教学评价体系

1. 主体全面

大部分高校开展大学生心理健康教育课程思政教学评价的主要场所是学校，评价主体以教师和学生为主，仅有极少数学校会注重家庭和社会这两个评价主体，家庭和社会两个主体的参与度较低。在教学设计存在不足的情况下，学生与家庭和社会的接触较少，学习、活动的场所主要局限在校园内，因此评价主体和评价方式也具有局限性。在教学设计得到改善后，学生与家庭和社会的接触会更加充分，评价主体和评价方式也就更加多样。尤其通过学生在实践活动中的表现来开展评价，将会有助于对学生作出更加全面、客观的考评，弥补以往仅依靠成绩与在校日常表现这类较片面的评价方式的不足。

2. 契合主题

评价内容的设立要紧紧围绕大学生心理健康教育课程思政教学主题。具有针对性的评价内容是保证评价有效性的重要因素之一，且评价内容的广度和深度需要严谨把关。在评价广度方面，教育者首先要准确区分大学生心理健康教育教学评价与大学生心理健康教育课程思政教学评价的区别，不能将两者混淆，否则会出现“两张皮”的情况；其次要考虑全面，尽可能地做到不遗漏、不重复。在评价深度方面，教育者需要结合大学生心理健康教育课程思政教学的特色，设置对主题研究有意义的评价内容，评价内容有深度便于得到高效的反馈，有利于更加针对性地解决问题。

3. 切实公正

任何评价都应坚持客观、公正的原则。设置评价环节就是要考核教学效果，考核教学效果的本质在于找出问题，查漏补缺，从而完善教学体系，推进教学往更好的方向发展。在完善大学生心理健康教育课程思政教学评价体系的过程中，要切实保证评价过程是客观、公正、真实的，不可为了完成上级任务或与对手攀比而走形式，弄虚作假，这对教育者与学习者来说都具有严重的危害性。

四、有效发挥大学生主体性作用

（一）扎实推进思想引领，增强学生政治意识

首先，我国高校肩负着培养社会主义合格建设者和接班人的重任，必须牢牢坚持社会主义的办学方向。在大学生心理健康教育课程思政建设过程中，高校全体人员应该坚定正确的政治方向，引导大学生发挥主体性作用，主动学习马克思主义理论知识，时刻坚定共产主义信仰。这是建设社会主义现代化强国，实现中华民族伟大复兴的必然要求。其次，高校应该坚持立德树人的根本任务。教育的目的不仅是教授学生知识与技能，其根本任务在于引导学生树立正确思想道德意识，培育正确价值观。在大学生心理健康教育课程思政建设中，充分发挥大学生主体性，强化大学生的政治素养，才能有助于将立德树人的工作落到实处。

（二）重视学生需求，尊重学生差异性

首先，在大学生心理健康教育课程思政建设过程中，教育者应注重学生的需求。时代

不断更迭，不同时代学生的物质和精神需求也在不断变化，这就要求教育者需要不断了解新事物，汲取新知识，与学生身心发展的进度保持相对一致，认真地去感受学生所处的社会环境，才能更有效地分析学生的需求。当学生的需求得到关注，自然会更加认可高校的教育理念、认可教师的教学方法，主动配合教学活动的开展，发挥自身的作用，助力大学生心理健康教育课程思政建设。其次，教育者需要尊重学生的差异性。大学生心理健康教育课程教学工作面向的主体是高校全体学生，人文社科类学生与理工科类的学生有一定的区别，思维方式存在一定的差异，面对不同风格的学生，教育者应该尽可能根据他们的偏好选择合适的方式将思政内容融入课堂中。比如，在教材的编辑与选取上综合考虑，尽可能地顾全大局；在授课过程中可以灵活切换教学方式，顾及文理科学生不同的偏好；当学生表达自己的观点时，坚持求同存异，鼓励学生用自己偏向的合理方式呈现自己的思想观点等。当学生的思想得到充分的理解与认可，他们会将自身的能量发挥得更加淋漓尽致。

（三）调动学生积极性，开发学生潜能

在大学生心理健康教育课程思政建设过程中，教育者要高度重视对学生自觉性、自主性、能动性、创造性等特性的培养，增强学生主体意识，提升学生主体能力，提升大学生心理健康教育课程思政教学效果。首先，重视学生需求，尊重学生主体之间的差异性是关键点之一。其次，需要提升学生主体意识。主体意识，即进行社会实践活动的人对于自己的主体地位、主体能力以及主体价值的一种主动、自觉的意识，也是人能够发挥主观能动性的根本所在，主要包含自主意识、自由意识。杜威认为，要实现一种完善的教育，个体认识自己是必不可少的，也就是说个体意识是实现完善教育的基础和前提。学生只有认识到自己是受教育的主体，积极、主动和有意识地培养自身的主体意识，增强自身主体意识，才能更好地发挥主体性作用。在大学生心理健康教育课程思政教学过程中，教师需要结合知识，利用教学环境，给予学生充分的鼓励与认可，让学生在教学活动及生活中更加自信、勇敢地发挥自身的主体性作用，不断挖掘自身的潜能，推动大学生心理健康教育课程思政建设高效发展。最后，需要注意强化学生主体能力。主体能力，即作为实践活动主体的人为了实现自身的充分发展，自觉主动地利用客观世界，根据自身的实际状况和现实需求进行自主选择，进而推动自身主体性发展的能力。能力需要在实践中锻炼，因此在大学生心理健康教育课程思政建设过程中，需要重视引导学生在实践中巩固思想政治意识，坚定社会主义核心价值观，根据自身的现实状况和实际需求，有目的性、有针对性地充实自己、发展自己。

第四章　积极心理学视角下的大学生积极心理品质培养

社会的发展对大学生的心理素质提出了更高的要求，大学生往往承受着学习、情感、人际和择业等多方面的压力，处于心理问题的多发期，如何提高大学生的心理素质就成为高校必须面对的现实问题。加强大学生积极心理品质的培养，不仅能够增强大学生的抗挫折能力，使大学生以良好的心态面对激烈的社会竞争和复杂多变的社会环境，预防心理问题的产生，而且有助于激发大学生的潜力和提高大学生的幸福指数，从而促进和谐校园和社会的构建。

第一节　积极心理学视角下的大学生积极心理品质概述

一、心理品质概念

心理是人脑的机能，是人脑对客观物质世界的主观反映，是感觉、知觉、记忆、思维、情感、意志、性格、能力等心理现象的总称。品质有两个方面的含义：一是个别差异，即不同的个体拥有不同水平的心理品质；二是培养标准，即个体被要求达到的心理水平。通常来说，每一个体所拥有心理现象都有与其相对应的心理品质，如记忆的持久性、思维的深刻性、情感的多样性、意志的坚忍性等。综上所述，心理品质是以个体生理发展状况为基础，受后天环境等因素影响逐步形成，并且通过个体的思维方式、价值观念、心态模式和实践活动等反映出来的比较平稳的个性心理特质。个体后天生长环境会对人的心理品质产生很大的影响，因为人与人之间家庭环境、学校环境、社会交往环境的不同都会使个体形成不同的心理品质，这就使人的心理品质具有差异性。

二、积极心理品质概念及内容

（一）积极心理品质概念

“积极”（positive）一词来源于拉丁语“positism”，表示“实际”或“潜在”的意思，积极既包括个体外在的积极，又包括其内潜的积极。在当代心理学中的“积极”一般来说都是正向的或主动的意思。而对于积极心理品质的理解，“皮特森和塞利格曼在研究人的积极特质时指出：‘积极心理品质是一种优秀的个性特质，它与美德相结合，关注的是人性格中健康的、向上的品质，同时也体现在价值行为分类体系中。因为这些良好品质具有积极力量，如对世界的好奇心、热爱学习、正直、热情、善良、审慎等，所以也成为积极心理学研究的积极人格品质。’”①。较心理品质而言，它看重积极、快乐和成功，更注重的是人性中积极乐观的因素，如真诚、正直、信用、勇敢等。本书认为，积极心理品质是人的一种力量，是个体受先天遗传和后天生长环境的交叉影响、作用下形成的比较平稳持久的积极心理特质。它使人具有积极的理想追求、较强的抗挫折能力、积极乐观的心态、高效率的学习状态、建设性的人际关系、独立自主的人格和丰富多彩的精神生活。

（二）积极心理品质内容

1. 智慧与知识维度

智慧包含了智力，并不等同于智商或者一个人获得的学术荣誉，智慧这一美德主要包括帮助人们在日常生活中获得和运用知识的各种优势，如创造力、好奇心、开放性思维、好学以及洞察力等。创造力是指个体不满足于惯用的方式和思维，所产生的原创性且具有适应性的想法和行为。好奇心就是当个体面对如新经验和新知识等新事物时，会有发自内心的渴望，它对于个体来说是一种非常积极的情绪体验，能够促使个体主动去探究并一步一步向目标靠近。开放性思维是个体在性格上的一种优势，它能够让个体摆脱“乌合之众”式的附和心理，能够在一定程度上抵制人们的思维弱点即赞同强势观点的倾向，可以说是一种矫正性的美德。对于好学的概念，很多人会理解为单纯的学术知识上的增长，但从广义上来说，好学是随着时间的不断发展，当个体全身心投入某项活动中时，会对所从事的活动有更深层次的理解。洞察力是指个体在思考和解决问题时不是只看到问题的表面，而是会进一步看到事物的本质，在作出决定时能够考虑全局，进行综合判断。

2. 勇气维度

勇气是指个体对外在或内在的压力毫不畏惧，能够为达到理想的目标而坚持奋斗。勇气维度主要包括勇敢、毅力、正直和活力等。勇敢是指个体在面对突如其来的逆境或者疾病等情况时，能够坦然接受并且不会因为这些情况而失去理智或者尊严。毅力即我们平日说的意志力，是个体心理上的忍耐力，当面对学习和生活中出现的问题时，拥有毅力的人则会体现出“持久力”。正直是指一个人在任何情况下都能够忠于自己，并准确地表达自己的内心世界，不论处于公共场合还是私人场合。正直的人不掩饰或伪装自己的感受和行为，能够对自己的选择和行动负责，并以诚实的态度应对生活中的各种挑战。他们能够虚心接受别人的意见和建议，从中获取灵感和提高，从而更好地培养自身的品质和能力。活

① 刘亚茹．大学生积极心理品质培育对策研究［J］．柳州职业技术学院学报，2017（3）：110-113.

力是对生命和能量的主观体验，是幸福感的一个能动的方面，是一种动态的、有动力的现象，其作为衡量机体健康的重要指标，与许多生理和心理因素具有直接交互的作用，具有心理和生理双重本质。在躯体层面，活力代表了身体健康，机体功能正常，没有疲劳和疾病；在心理层面，活力反映个体较高的意志水平和自我效能感以及良好的自我整合。

3. 正义维度

正义通常情况下是指公平，最直接的就是人人平等。正义维度通常包括社会责任感、公平和领导力。社会责任感是一种人格特质，表现在人们具有强烈的使命感、高度的社会信任、良好的团队精神、对朋友的忠诚、对人性的积极态度、对国家和社区问题的关注、对社区工作和环境保护的热情。公平意味着个体可以在不受任何情绪影响的情况下作出公平的判断和决定，从而使每个人都有相同的机会。领导力也是一种人格特质——带领追随者朝着共同的目标前进，并激励团队成员为这一愿景而努力的能力，它使团队能够在有效时间内快速组织起来，在团队成员之间建立良好的关系，并确保团队成员共同实现其使命。

4. 仁爱维度

仁爱是指个体与别人，包括朋友、亲人、点头之交甚至陌生人交往时的积极表现。仁爱维度通常包括爱与被爱、仁慈和社交智慧。爱与被爱是指个体重视并经营亲密关系，并在亲密关系中相互分享、相互照顾的个体品质。仁慈是基于一种基本的人性观，即他人是值得关注的，并且非功利地为他人的福祉着想的个体品质，这种品质能够使个体不求回报、不计得失地实施更多的助人行为。社交智慧一般是指处理人际关系的能力，包括与他人建立亲密关系和信任、说服他人、运用社会信息促进和他人的合作、辨别个人和群体的社会支配和社会政治关系。

5. 节制维度

节制就是一种善于控制、避免过度的美德，在心理学上节制是指个体即使在没有外部因素帮助和影响的条件下，依旧能够很好地控制和管理自己的情绪、态度和行为的能力，不会轻易出现失控的情况。节制维度主要包括宽恕、谦虚、谨慎以及自我管理。宽恕是那些被侵犯和伤害的人的一系列亲社会行为，是仁慈的一种表现，也就是古人所说的“以德报怨”。谦虚是指个体能够正确认识自己的能力和贡献，承认自己的不足和缺陷，同时能够接受与自己相反的观点并欣赏与自己截然相反的任何事物的积极品质。谨慎是指一种对未来的认知能力，采用实用的理性和自我管理来实现个人的长远目标。谨慎的人对自身的行为和决定所带来的结果表现出卓越的远见和审慎的态度，他们往往能够抵制住短期利益的诱惑，避免因小失大。自我管理是指个人追求目标、达到特定的标准，而对自己的反应进行控制和调节。

6. 升华维度

升华也可以理解为超越，主要是指与更高的事物——对高于我们自身的意义和目标的信念——的联系，主要包括美的领悟、感恩、乐观、幽默以及信仰。美的领悟主要是指对美和卓越的欣赏，在心理世界和社会中发现、识别、欣赏真善美的能力。感恩是一种感激的情绪或者收到礼物时快乐的反应，不管这份礼物是实实在在的利益还是自然之美带来的片刻震撼。通常情况下，感恩也可以理解为一个人因为另一个人的行为而获益后的感受。乐观是一种指向未来的认知、情绪和动机状态，是指个体能够思考未来，对自己渴求的事件和结果的出现充满期待，以促进它们发生的方式去行动，并坚信只要自己付出一定的努力，保持此时此刻的激情，想要的结果就一定能够出现。幽默是指能够使人发笑或者愉悦的特质以及对有趣现象的感知、解释、享受、创造和传播。信仰代表了一系列有说服力的、无处不在的、稳定的信念以及对应的行为，其本质是相信生命存在着超越的维度。

（三）大学生积极心理品质

大学生积极心理品质即大学生这一群体应该具备的积极心理品质，包括积极心理品质的六大美德、健康人格、身心素质。大学生思想道德品质是大学生健康人格的主要内容，因此大学生积极心理品质也包括大学生思想道德品质。除此之外，大学生应具备的积极心理品质还有热情、快乐、毅力、奉献、爱。热情指大学生参与活动、面对学习和生活或对待他人所表现出来的积极、主动、亲切、友好的情绪或态度。大学校园有娱乐类、学术类、体育类、社团类等类型丰富多样的活动，大学生在课余时间热情参加校园活动有益于大学生的身心健康，在参与活动的过程中可发挥特长和性格优势，交往朋友，获得快乐。无论是学习还是参与活动，只有投入热情才能取得良好的效果。

三、大学生积极心理品质的构成及特征

大学生积极心理品质属于内容丰富的意识形态范畴，基于人的心理过程和个性心理品质，大学生积极心理品质有着丰富的构成成分和鲜明的群体特征。

（一）大学生积极心理品质的构成

新时代大学生是充满活力与创造力的群体，是将要投身祖国建设和社会服务的后备力量，具备积极的心理品质对个人、社会、国家都至关重要。大学生积极心理品质所包含的积极认知、积极情绪、积极意志、积极人格特质四个方面互为整体，缺一不可。

1. 积极认知

认知是人认识外界事物的过程，也是产生行为反应的前提。当外界刺激作用于人脑，人脑会进行系统性的思维加工，对接收到的信息进行分析处理，同时借鉴个体以往的经验

储备，形成对外界刺激的认知。积极认知指的是个体对于自身、他人以及环境等，以积极心理学为基础，进行正向的认识和评估①。积极的认知能够使大学生在遇到挫折时依旧对未来抱有正向的预期，从而坚毅勇敢，通过不懈的努力达成目标。消极的认知则会使大学生僵化自身能力，出现自我怀疑和低迷懈怠等负面情绪。个体认知是动态建构并不断发展的，要从辩证的角度看到事物不利的一面，但更应该侧重事物有利、积极的一面。

作为新时代大学生，要具备对自我的积极认知、对他人的积极认知以及对环境的积极认知。首先，大学生要有积极的自我认知。从实际出发，不因自身的身体素质、外形面貌而困，不因他人主观评价、轻视眼光而恼，以自我健康成长为需要，在为人处世时能够自尊自信、发扬优点，能够端正思想，合理且适宜地判断自我能力，从而推动问题事件的有效解决。其次，大学生要有积极的他人认知。人是社会性的动物，生来便不可避免地与他人产生千丝万缕的联系，善交是大学生在人际关系中获得幸福感和归属感的重要途径。大学生不仅要自尊自爱，也要在相处中尊重他人、体谅他人，看到别人身上的闪光点，抱着"三人行，必有我师"的态度虚心学习，形成自己积极的社会支持系统。最后，大学生要有积极的环境认知。国内外发展变革日新月异，大学生要提高自身政治素养，主动关心国家时政，正确认识国家政策、制度，客观看待社会治理中暴露的问题，不能一味地埋怨和责怪。要充分利用环境中的积极因素，克服环境中的消极因素，同时以严格的规范和标准要求自己，创造利于自身发展的良好环境，强化主人翁意识，形成对社会环境的积极认知，提升自我能力与素质。

2. 积极情绪

情绪是人对于外界事物是否满足自身需要所产生的内心体验。北京大学心理学系博士生导师孟昭兰认为"积极情绪是与某种需要的满足相联系，通常伴随着愉悦的主观体验，并能提高人的积极性和主观能力"②。美国心理学家弗雷德里克森在实验中发现，积极的情绪能够帮助个体扩建即时的思想维度，消极的情绪会阻碍个体的行动力和判断力。善于处理情绪，提升个体和环境人群的情绪体验是个体智能优越的表现。能够用理性控制自己的行为、调节自己情绪的人更容易在社会生活中得到发展。相反地，一些任性而为、容易被私人情绪拿捏的人则很容易在社交中孤立无助，产生踌躇失落的挫败感。

在积极心理品质培育过程中，教育者要帮助大学生正确认识和表达自身的情绪，引导他们用乐观平和的积极情绪接纳自己，养成良好稳定的情绪品质。积极情绪体验是多种多样的，它能帮助人们释放心理压力，促进人类机体保持健康活力。在积极心理学研究中，主观幸福感是积极情绪中最综合、最复杂的体验。美国心理学家迪纳教授认为主观幸福感

① 朱翠英，胡义秋．大学生积极心理素质教育研究［M］．北京：人民出版社，2015.

② 孟昭兰．人类情绪［M］．上海：上海人民出版社，1989.

是个体主观上对自我生活状态和周遭环境事件的肯定态度，是一种总体性的评价。提升大学生的主观幸福感水平，使大学生在感官愉悦的同时，能够产生持久的心理享受，并将这种状态迁移到生活工作的方方面面，培养出乐观、满足、宽厚等积极心理品质。在人类生活中，经济条件、文化模式、身体健康状况和人际关系都会对个体的主观幸福感产生影响。大学生成长于不同的家庭环境、文化氛围、经济基础，形成了千差万别的性格特征，在与朋友的交往过程中也就呈现了千姿百态的心理变化和评价。大学生应当将这些相对性的影响因子转化为正向的积极因素，实现自我情绪优化，使自己在集体活动中能够活跃气氛，感染和凝聚其他人。

3. 积极意志

意志指的是“有意识地支配、调节行为，通过克服困难，以实现预定目的的心理过程”[①]。积极意志具有自发性、自控性、决断性和坚毅性四个特征[②]，包括坚强的意志力和应对挫折的能力，是可持续的、坚定的品质素养，是个体在面临竞争与挑战时所反映的主观能动性。当个体拥有较强的意志时，会在处理某件事情的过程中通过语言或行为表现出极大的决心与力量，以此致力于目标的实现。

当代社会发展压力大、问题新，大学生只有具备积极的意志品质才能在系列竞争中脱颖而出，攀上梦想的高峰；若是没有坚强的意志力，持之以恒地提升自我，很容易在大环境下“躺平开摆”。大学生还要学会积极应对挫折，强化心理承受能力。在科技发达的和平时代中成长起来的大学生没有经历过太多的阻碍，缺乏复杂社会生活的磨炼，是最富有热情也是最容易被影响的群体。积极意志的养成，能够避免大学生消极应对挫折，还有助于激发他们的个人潜能，帮助他们有计划地追求梦想。

4. 积极人格特质

奥尔波特曾对人格定义做过系统性的研究，并给出了 50 多种不同的人格定义。在心理学领域下，他提出的罗列式定义认为“一个人所有特质的总和称为人格”[③]。一种特质可以归结为一个人以相对长久和一贯的方式而表现出与别人的不同（有文化的差异），是个体的一种持久性的性格特征，它和具体的生活情景共同影响着一个人的行为、认知和情感等。也就是说，在个体后天的生活环境与学习体验中，社会氛围、公共教育、家庭熏陶等因素对于个体人格特质的形成有着重要影响。人格特质是个体能力、气质、需要、动机、兴趣、理想等多方面的整合，不同的成长经历会使不同的人表现出不同的人格特质。个体的能力和动机是容易受环境影响而产生改变的，其正向培养对于个体的成功具有较强

① 彭聃龄．普通心理学［M］．北京：北京师范大学出版社，2007.

② 侯佳琦．大学生积极心理品质培育研究［D］．锦州：渤海大学，2019.

③ 任俊．积极心理学［M］．北京：开明出版社，2012.

的推动作用。

高校大学生仍然处在他们人生发展的初期，接受各种思潮与文化的影响，尚未养成稳定的性格特征和成熟的思想意识，适度的动机和良好的能力能够激活他们的创作热情，提高他们的工作效率，使其能够在学习、社交中满足自我需求，展现自我优势。比如，在面对难度较大的考试时，过度强烈的动机会造成学生的焦虑和疲惫，不利于考试阶段的发挥，甚至影响学生的身心健康。因此，把握动机的合理尺度，有效运用于大学生的行为实践，才能够帮助他们更好更快地解决问题。大学生能力的培养则涵盖了诸多方面，包括学习能力、社交能力、适应能力、表达能力、创新能力、自我超越的能力等。当大学生初入陌生的环境、接触不熟悉的人时，在心理上需要一定的时间去接受和适应。个体通过调整改变，最终与环境之间达成一种平衡稳定的状态，这对于新入学的大学生来说十分重要。有了良好的适应能力，大学生就能够建立安稳的生活状态以及和谐的人际关系，并为后期顺利步入工作环境打下基础，实现整体性的自我提升。

（二）大学生积极心理品质的特征

目前我国高校大学生的教育历程具有一定的相似性，虽然存在个体差异和成长环境影响，但在积极心理品质方面依然呈现出了潜在性、稳定性、可塑性和创造性的共同特征。

1. 潜在性

个体的积极心理品质是内在的，内隐于个体之中不容易被发觉，并潜移默化地影响着个体的思想和行为。积极心理品质存在于每名大学生中，且保持着个体的独立性，就像一颗正在休眠的种子，需要教育者通过理论实践予以刺激，才能有生根发芽的时刻。并且教育者必须运用正确的方式，才能挖掘和激发出大学生积极的心理品质。当外界生活环境相对稳定时，大学生可能难以察觉到隐藏于自身的积极心理品质。一旦环境发生变化，这种休眠状态被打破，个体为了争取适宜自身发展、实现自身价值的有效资源，会主动积极地参与理论学习和社会实践，展现出自身的优秀品质。

2. 稳定性

大学生积极心理品质具有稳定性，一方面表现在大学生积极心理品质的形成和发展是一个时间积累的过程，不能够轻易被改变。人们常说的“江山易改，禀性难移”就是讲的心理品质的稳定性。另一方面，大学生积极心理品质能给他们的人生带来稳定持久的影响。想要激发大学生的积极心理品质，则需要环境因素和机体因素的共同作用。大学生所处的年龄阶段是个体生命中性格特征最鲜明的时候，经过系统性、针对性教育的引导和熏陶，能够帮助大学生消除抑郁情绪，辩证看待问题，增强受挫折能力，促进身心和谐健康发展。

3. 可塑性

每一个体都有被塑造的可行性，大学生积极心理品质也是如此。在智力因素和非智力因素的双重影响下，大学生心理品质由不成熟到成熟、由不定型逐渐定型，其思想和行为都朝着更加积极的方向转变。虽然感知、记忆、思维等智力品质奠定了个体发展的先天优势，但认知、情感、意志等非智力品质往往是实现突破创新的后继力量。在良好的外界环境中，高校开展大学生积极心理品质培育工作时应当充分把握其可塑性特点，有机融合课程教学资源，使大学生能够主动规范自我认知，借助内在和外在力量挖掘自身的心理品质优势，将积极价值内化于心、外化于行，增强自我成长发展的幸福指数和满意指标。

4. 创造性

心理学家马斯洛认为，“创造性更多的是由人格造成的，是自我实现人格的副产品，创造性发挥的关键在于健康人格的形成”①。创造性不只是个体智力层面的开发，也是心理状态上积极进取的表现。新时代背景下创新人才培养的核心便在于创新思维的形成，学生的创造能力和创新精神就是研究性教育教学的灵魂所在。面对难题困境和高压需求时，拥有创造性积极心理品质的大学生能够辩证思考、积极归因，提出具有建设性的、带有个性思维的应对办法。大学生群体知识储备相对完善，有较强的好奇心理，是充满活力的实践派，因此他们善于汲取经验去创新创造，在良性的竞争环境中凭借全面的观察力和敏锐的洞察力脱颖而出。

四、新时代大学生积极心理品质的理论依据及现实依据

（一）新时代大学生积极心理品质的理论依据

1. 马克思主义关于人的全面发展理论

马克思在《1844 年经济学哲学手稿》中初步提出人的全面发展理论②，正式使用这个概念是在《德意志意识形态》中。人的全面发展理论涵盖了人的生理和心理两个方面，其中包括个性、能力、自由和人际关系等方面。在马克思和恩格斯看来，人的全面发展是指人特质、能力等多方面的发展，而不是某个方面单一的发展，是从关于人的本质和人的实践活动中得到的科学理性的回答，人是能动的、有思想的、有生命力的，每个人都有权利来借助实践活动发展自己的才能和激发自己的潜质③。在大学生积极心理品质的培育中，马克思主义关于人的全面发展理论成为重要的指导依据，因其反映了个体心理发展所需的

① 熊华军．马斯洛的“创造性理论”对培养大学生创造性的启示［J］．黑龙江高教研究，2004（12）：152-154.

② 马克思．1844 年经济学哲学手稿［M］．北京：人民出版社，2014.

③ 马克思，恩格斯．马克思恩格斯全集（第 2 卷）［M］．北京：人民出版社，1960.

多方面因素，对于实现人的个性、能力、自由和人际交往等方面的全面发展具有重要意义。作为心理健康教育的重要内容之一，大学生积极心理品质的培育对于个人的全面发展具有重要的作用，包括但不限于个性的成长、需求的满足、人际交往以及能力的提升等方面。

2. 中华优秀传统文化中的积极心理思想

积极心理学早在两千年前就在哲人的思想中有所体现，儒家文化的代表人物孔子是积极心理学思想的先驱。他率先提出“己所不欲，勿施于人”的宽容精神和行为准则，主张不要将自己厌恶的事物强加在他人的身上，强调理解和换位思考的重要性，反对自私自利的利己主义观念。此外，孔子还提倡人性的积极品质，其具体内涵为仁、义、礼、智、信等美德。仁是指无论身份阶层如何，都要爱所有人，并时刻保持善良；义强调责任和正义；礼则要求对他人有礼有节、谦虚自制，不可自傲和自满；智追求智慧并不断探寻知识；信推崇诚实守信和忠诚。孔子认为这五种美德可以使个体获得更幸福的生活，提升人性，助力幸福。积极心理品质由国外传入，最终要与我国的文化特点相结合，中华优秀传统文化中关于积极心理学和积极心理品质的精华部分为新时代大学生积极心理品质的培育提供了充足的理论依据。

3. 塞利格曼积极心理学相关理论

积极心理学在西方心理学中兴起，成为一项新兴学术研究成果。它关注人类美德和潜能，提倡对人的积极因素进行发掘和培养。积极心理学倡导者塞利格曼曾任美国心理协会（APA）主席、宾夕法尼亚大学教授，他认为积极心理学是一种以研究人类美德为核心的科学。1996 年，塞利格曼就任 APA 主席时，第一次明确提出“积极心理学”的观点。此后，积极心理学得到迅速发展和广泛应用。2000 年，《积极心理学导论》指出，积极心理学关键是帮助人发挥其拥有的内在潜质，让它变成自己的美好品德，在生活中得到更大幸福感。随后，他又将积极心理学与社会支持相结合，形成了以培养乐观情绪和积极态度为核心的理论模式。此时，积极心理学着重探讨幸福感的获得方式，没有触及心理问题的研究范畴。在此后的十几年里，积极心理学逐渐成为西方主流社会的一种重要文化思潮。随着时代的进步和社会的不断发展，我国对于心理健康教育也越来越重视，积极心理学作为一种全新的理论视角，对当前我国心理健康教育起到了重要的作用。积极心理学主要研究人类的优秀品质以及美好心灵，研究的领域涉及四个层次。第一个层次即主观水平层面。这一层次主要是对正面主观体验的考察，如快乐与宁静、知足与满足、期望与乐观以及顺畅与喜悦等。第二个层次是客观水平层面。这一层次强调对积极情绪的追求与培养，注重通过教育手段来促进学生的健康成长，主要探讨积极情绪在个体成长中的作用，包括积极情感和消极情感等。第三个层次是群体水平的层面。这一层次主要是对积极心理特征进行研究，譬如创作的胆识、活跃的人际关系、审美体验、执着、超前、天才、宽容与智慧灵性等内容。第四个层次是社会文化程度层面。该层次研究积极的公共品格，如开放与包容、公正与公平、诚信与合作、感恩与友善等。这一层次对正面公众品质进行了考察，如责任、利他、关怀、文明、自制力、容忍力和职业道德等。很显然，积极心理学所提倡的积极心态对大学生积极心理品质的培育研究提供了一种重要的理论支持。

（二）新时代大学生积极心理品质的现实依据

1. 社会主义核心价值观培育的心理基础

社会主义核心价值观是当代中国精神的集中体现，凝结着全体人民共同的价值追求。将社会主义核心价值观作为引领，转化大学生的情感认同和行为习惯，使其成为大学生的内在观念和文化底色，培育堪当民族复兴大任的时代新人，成为新时代高校开展思想政治教育工作的首要任务。

教育部在《中共中央关于进一步加强和改进学校德育工作的若干意见》中明确指出："健康稳定的心理状态，是形成良好政治、道德品质的基础。"大学生积极心理品质的培育，有利于自身养成正确的思维习惯、积极正确的价值观念，促进对社会主义核心价值观的接受和理解，因此，大学生积极心理品质的培育在社会主义核心价值观培育方面显得尤为重要。首先，积极心理品质在总体层面上，主张以人为本，注重激发大学生内在的积极力量和美德，迎合了人性的本质，这为社会主义核心价值观的广泛认同奠定了心理基础，有利于大学生接受并转化为自身的行动。其次，积极心理品质在群体层面上，着眼于什么样的组织系统更能激发人们的自身优势。最后，积极心理品质在个体层面上，强调个人的健康与幸福，认为个人的幸福才是营造和谐社会的最终目的。社会主义核心价值观通过倡导人们在国家、社会层面的要求，从而达到实现个人幸福的目标。所以说，大学生具备积极的心理品质是社会主义核心价值观培育的基石，为社会主义核心价值观培育提供着必要的心理基础。

2. 高等教育以人为本育人理念的本质要求

高等教育作为国民教育体系的顶层，是培养高素质人才的重要基地，事关国家综合实力提升和民族未来。高等教育是一个国家发展水平和发展潜力的重要标志。进入新时代，党和国家事业发展对高等教育现代化的需要，对科学知识和卓越人才的需要，比以往任何时候都更为迫切。

高等教育作为一种直接影响学生身心发展的社会实践活动，其核心任务在于育人，最终目标是培养全面发展的时代新人。新时代大学生在具备良好的思想道德素质、科学文化素质和身心健康素质的同时，积极的心理品质同样必不可少。《国家中长期教育改革和发展规划纲要（2010—2020年）》也明确指出：把育人工作作为教育工作的根本要求，尊重教育规律和学生身心发展规律。这也就更加要求高等教育从消极心理模式转向以人为本的积极心理模式，以育人为宗旨，尊重学生的独立人格，充分调动学生的主观能动性，帮助学生发掘自身固有的潜在的具有建设性的力量，注重培育大学生的积极心理品质，促进其积极心理品质与自身德育、智育、体育、美育几个方面的全面协调发展。积极心理品质的培育作为心理育人工作的重要内容，是高等教育以人为本的本质要求和有力补充。大学生积极心理品质的培育事关高等教育以人为本育人理念的成败，只有切实关注并培育大学生的积极心理品质，促进学生的全面发展，才能更好地将高等教育以人为本的育人理念落到实处，同时这也是高等教育价值的根本诉求。

3. 大学生心理健康教育创新的必行之势

大学生心理健康教育作为高校思想政治教育人才培养体系和立德树人工作的重要组成部分，其主要目的在于健全大学生的人格、激发大学生的潜能和促进大学生的全面发展。大学生是民族的希望和未来，承载着建设中国特色社会主义、将中国梦的伟大构想化为美好现实的重托，其心理健康逐渐被社会和国家所重视。因此，培育大学生积极心理品质，帮助大学生调整自身与他人、社会的关系，创新大学生心理健康教育之路势在必行。

传统大学生心理健康教育的对象主要是出现心理问题的少数大学生，侧重于对大学生出现的心理问题的矫治而非顾及大学生群体心理问题的预防教育。新时代大学生心理健康教育应该在兼顾有心理困惑和心理障碍的个别学生的基础上，更加注重大学生群体积极心理品质的培育，促进大学生的潜能开发和人格完善。大学生的心理品质一旦得到优化，不良的心理问题自然会迎刃而解。积极心理品质不但是新时代大学生应该具有的基本素质之一，而且是提升其他方面素质的前提条件和心理基础。高校思想政治教育必须重视大学生积极心理品质的培育问题，加强对大学生心理健康的教育，使其拥有积极心理品质，从而达到促进其全面发展的育人目的。所以，培育大学生积极心理品质不仅必要，而且成为大学生心理健康教育创新的必行之势。

五、新时代大学生积极心理品质培育的时代价值

（一）有利于实现社会和谐稳定发展

大学生是整个社会大家庭中一个特殊的群体，大学生的个人发展对社会的整个发展和进步都有着重要的作用。社会要稳定，社会成员的心理稳定至关重要，社会成员的心理稳定是社会稳定的心理基础。社会的稳定不仅体现在交通井然有序、道路干净整洁和公共治安稳定，更加重要的是社会成员的身心健康和稳定。人们享受着丰富多彩的生活带来的便捷与快乐，但同时也承受着日益增长的社会和心理压力。相关数据显示，目前患有心理疾病的人不仅数量有所增长，在年龄上也呈现出低龄化的趋势，大学生每年因为生活、学

习、恋爱、工作等各种压力导致抑郁症的人数逐年增加。

“人的本质不是单个人所固有的抽象物，在其现实性上，它是一切社会关系的总和。”① 大学生作为社会中的一个特殊群体，同样具有社会性，他们作为未来社会的塑造者和领导者，积极心理品质的培育不仅有利于自身的健康发展，也有利于未来和谐社会的构建。首先，一个拥有积极心理品质的大学生，具备更强的适应性和抗压能力，这样，他们在未来工作和生活中遇到困难时，也能够迎难而上，以更好的方式解决问题，并取得更好的成果。其次，积极心理品质的培育也能够促进大学生之间的交流和合作，并使其更加关注社会公共事务。当大学生懂得如何从积极的角度出发去看待自己和他人的处境时，他们也更有可能互相理解和支持，从而推动社会的和谐发展。最后，积极心理品质的培育也能够帮助大学生提高自我认知和自我管理能力，他们有可能成为未来社会中的领导者，而这些品质也将让他们更好地领导和带领团队，以达成共同的目标。因此，积极心理品质的培养不仅有利于大学生自身的发展，也是构建未来和谐社会的重要基石之一。

（二）有利于实现高校立德树人根本目标

党的二十大报告指出，全面贯彻党的教育方针，落实立德树人根本任务，培养德智体美劳全面发展的社会主义建设者和接班人。让我们明确了新时代人才培养的任务和使命。高校立德树人是教育的根本任务和奋斗目标，体现了立德与树人二者的有机统一，同时立德树人也为培养时代新人提供了强有力的教育保障，是实现个体自由而全面发展的重要方式。

“立德树人”中所立的“德”是包括信仰、理想、思想、品德等在内的“大德”，我们可以概括总结为五个方面。一是立“马克思主义信仰”之德。我们只有坚定马克思主义信仰，才能在历史洪流中始终坚持正确的方向，走正确的道路。二是立“共产主义远大理想和中国特色社会主义共同理想”之德。只有如此，我们才能始终以乘风破浪的勇气面对时代的挑战，肩负起民族复兴的大任。三是立“社会主义核心价值观”之德。我们只有始终将社会主义核心价值观内化于心、外化于行，才能将国家、社会、人民始终记在心中。四是立“尊重和传承中华民族历史和文化”之德。只有这样，我们才能在传承与创新中不断发展。五是立“国际视野和国际胸怀”之德。当今世界的发展形势要求我们开阔眼界，不再做一心只读圣贤书的闭关之人，只有开阔国际视野，才能更好地爱好和平，为人类的和平与发展贡献自己的青春力量②。“立德树人”中的“树人”，我们可以概括总结为三个方面：一是树“社会主义事业的建设者和接班人”；二是树“德智体美劳全面发展的人”；

① 马克思，恩格斯. 马克思恩格斯全集（第1卷）[M]. 北京：人民出版社，1995.

② 王蓉，韩振峰. 习近平新时代立德树人重要论述探析 [J]. 北京交通大学学报（社会科学版），2021，20（2）：135-140.

三是树“担当民族复兴大任的时代新人”[①]。只有做到这三点，我们才能培养出理论与实践相结合、心怀家国的青年力量。积极心理品质的内容包含智慧、勇气、正义、仁爱等多个维度，旨在培养自由而全面发展的个体，与立德树人的目标相吻合，因此，培育大学生积极心理品质，一定程度上可以助力高校立德树人目标的实现。

（三）有利于实现大学生自由而全面发展

人的发展是“人以一种全面的方式，也就是说，作为一个完整的人，占有自己全面的本质”[②]。人的全面发展同样是思想政治教育的目标，新时代教育的根本任务是培养德智体美劳全面发展的社会主义建设者和接班人。积极心理品质的培育有助于大学生形成积极的归因方式，建立更加稳定和亲密的人际关系，更好地关心和支持他人，增强自信心和成就感，提高大学生的主观幸福感。积极心理品质的很多方面比如乐观、感恩、开放性思维以及信仰等，都能够帮助大学生有效解决现实生活中遇到的诸如“佛系”、“躺平”、过度焦虑等消极心理问题，能够在大学生遇到生活中的失败和挫折时，以积极乐观的态度悦纳自己并及时培养自身所欠缺的积极心理品质，以积极的心态对待生活中出现的问题和困难，形成积极向上的心态，从而促进大学生的全面发展[③]。

第二节　积极心理学视角下的大学生积极心理品质现状

青春洋溢的大学生正值个性鲜明的年纪，心理健康水平和状态极易受到周遭环境的影响，表现出多种多样的心理问题。为此需要从社会、学校、家庭、个人多个角度剖析其成因，为积极心理品质的培育拓宽视野和思路。

一、积极心理学视角下的大学生积极心理品质表现

新时代背景下，教育、科技、社会的稳定发展给大学生提供了良好的学习和生活环境，提升了大学生的学习能力，丰富了大学生的知识体系，积极心理学理论也为大学生心理健康水平的提高和积极心理品质的发展创造了良好的环境条件。下面将从认知、情感、意志三个心理过程和能力这一个性心理来分析积极心理学视角下的大学生积极心理品质的表现。

（一）具有积极的认知

第一，能够积极地认知自我。自尊、自信和自我效能感是积极认知自我的具体表现。

① 王宝鑫．新时代青年马克思主义者培养研究［D］．长春：东北师范大学，2018.

② 马克思，恩格斯．马克思恩格斯文集（第1卷）［M］．北京：人民出版社，2009.

③ 昂青吉．大学生考试焦虑、特质焦虑与抑郁的关系及教育对策研究［D］．兰州：西北民族大学，2020.

本书所说的自尊是指高自尊，即个体具有的良好自尊，属于积极心理学范畴的一个特定概念。新时代背景下，大部分大学生都具有高自尊，他们能做到自我管理、自我指导和自我监督，能够有效面对生活和学习中遇到的种种困难和挑战，具有责任心、主动性和创新性，并且能坦然接受他人的尊重和期待，对待他人也多有爱心、诚实和宽容。自信是个体对自身力量的确信，深信自己一定能成功做成某事，实现所追求的目标。新时代的大学生有很强的自信心，善于发现自己的长处，能够全面地认识自己，勇于接受创新和挑战，坚信自己能行。自我效能感是一种自信程度，这种自信程度体现在个体能否根据自身所具备的技能去完成某项任务或做成某件事。新时代的大学生拥有很强的自我效能感，他们能够对自己的能力有很准确的判断，当他们相信结果会成功时，他们会不断地推动事情顺利发展，相信自己有能力做好事情。

第二，能够积极地认知他人。新时代的大学生在进行社会交往时能够积极地认知他人，做到客观地评价他人，认识到每个人的闪光点，并虚心向他人学习；尊重他人，尊重他人的人格；宽容他人，与他人形成和维持良好的人际关系。大学生这种积极认知他人的心理品质，获得了他人的认可，也形成了自己积极的社会支持系统。

第三，能够积极地认知社会。其一，新时代的大学生对国家政策和制度有积极的认知，能够积极认同和支持国家的政策法规。其二，新时代的大学生对社会道德规范的积极认知，能够遵循社会道德规范来约束和指导自身行为，具有较高的社会道德感。其三，新时代的大学生能够积极认知社会问题。我国现在正处于社会转型期，面临着许多复杂棘手的问题，大学生能够客观地看待这些问题，并且积极努力地增强自己的能力，不断提升自身的素质，在严峻的社会竞争中勇敢前进和积极适应。

（二）具有积极的情感

第一，有乐观的态度。积极心理学阐明“乐观是一种解释风格”，是人的一种主观的、指向未来的一种心境。新时代的大学生总是以乐观的态度面对困难和挫折，这种乐观并不是盲目的，而是他们在承认客观现实的前提下能够保持一种积极的理念，面对挫折或失败能够以积极乐观的态度去理解，并在失败中总结原因，汲取营养，重拾信心。

第二，有较高的主观幸福感。积极心理学认为主观幸福感是指主体对当前的生活状态、周围环境和相关事件的一种满意度的认知和体验，并且在情绪体验上表示肯定和认同。新时代的大学生通常都有很好的主观幸福感体验，他们对自己是否幸福有自己的标准，而不是依赖外界的或他人的标准。这种积极的情绪体验也使大学生在物质、金钱等方面有独特的、清醒的理解，能够体验更多的积极情绪，追求生活中真正的最高目标。

（三）具有积极的意志

第一，能够独立分析和解决问题。独立分析和解决问题是新时代大学生具有积极意志品质的一个重要表现。新时代大学生在学习上严格要求自己、自律性强，积极认真完成老师学校布置的任务，不逃避，不依赖他人，积极认真、客观地分析学习任务，由主到次，有计划地学习；在生活上，他们能够处理好自我、学习和生活三者之间的关系，能够理智分析问题，并且采取合理有效的方法解决问题。

第二，能够积极地应对挫折。新时代大学生积极地应对挫折体现在两个方面：一方面，他们勇于克服生活和学习上所遇到的挫折，意志坚定，不怕失败，以强大的自信不断学习，克服困扰，有坚韧性；另一方面，他们敢于接受机遇和挑战，不言放弃，在逆境中不断历练自己，不因挫折而改变，不因困难而屈服，以坚定的理想信念实现自己确定的目标。

（四）具有良好的能力

能力是一种个性心理特征，是个体能够顺利实现某种活动所需要具备的心理条件。大学生的能力体现在很多方面，如学习能力、适应能力、人际交往能力等。这里着重分析的是大学生的社会适应能力和自我超越能力。

第一，能够积极适应社会。新时代大学生表现出有较强的社会适应能力，在学习上他们能够做到角色转换，不再像高中时那样依赖教师，而是能够独立自主、自觉地规划和完成学习任务，在开放的校园中也能自由且自律地从事校园活动，在生活上能够维持良好的人际关系，遇到困难也可以选择合理的方式调节和控制自己的情绪。

第二，积极实现自我超越。新时代大学生思维活跃，富有创造性，对自我的认识也较为深刻，他们会发挥自身的主观能动性，去不断完善自己，让自己实现存在的价值，去追寻生命的意义。有很多大学生选择下乡支教、志愿者服务等各种活动去奉献自己的力量，去努力实现自我超越，去追寻更有价值和意义的生活。

二、积极心理学视角下的大学生心理品质的不良表现

大学生的心理变化有一定的时代性，当前主要表现为认知偏差、情绪负面、意志力较薄弱、自我人格缺陷和生命意识淡薄等方面，这些情况会对大学生的全面发展造成不小的阻力，因此需要多角度合理归因，为大学生积极心理品质培育研究提供正确的引导与帮助。

（一）认知存在偏差

认知偏差是大学生将不符合实际的信息作为评价自身或他人的依据，尤其是在自我认识与评价的过程中受到经验的局限性和情绪的波动性影响，表现出自卑心理和自负心理。在王田茹关于《大学生积极心理品质调查问卷》的报告中，针对“最符合自己的整体认知”这一问题，10. 27%的大学生在欣赏自己的优点的同时，也会产生自满心理，59. 82%

的大学生存在一定程度的自卑情结，4.95%的大学生甚至有极度自卑的情况[①]。

进入大学后，学习优异的同学比比皆是，文艺技能出彩的也大有人在，家庭成长背景差异多样，同辈对比的横向基数扩大，个体想要在多个方面成为脱颖而出的强者是比较困难的。若是因为高考发挥失常未能考入理想中的大学，那么这种心理落差会更加强烈。在中学单一的评价体系中，有部分同学能够表现突出，但也会对他们造成印象错觉，认为这可能是长期持有的能力与状态。然而大学综合多元的指标使他们原本的自我评价体系受到了挑战，在偶然的失误和对比的落差感中产生自我怀疑，遇到挫折后一蹶不振，过度关注自己的缺点、不足和偶然的失误，觉得自己处处不如别人。大学的半社会圈层让部分大学生在比较中深刻感受到强烈的挫败感，由此变得十分落寞消极，对自我价值实现的期望降低，变得自卑敏感。自负是认知偏差的另一种表现，这部分大学生过度肯定自己的才能，夸大自我成功，按照强烈的自我意识进行人际交往。他们习惯性不考虑他人感受，往往自视甚高，在团队合作中不服从组织安排，固执己见，总是将不良结果的成因推诿到其他人身上，更有甚者还会觉得学校、社会的规章秩序都应该为自己的行为让路。这种情况与家庭教育和社会磨砺有着直接的关系。在校园生活中，他们对别人的绝对化要求常常使人感到不适，也使他们难以适应生活环境和社会需求，容易产生怀才不遇、愤世嫉俗的负面情绪。

（二）个体情绪负面

“疯狂变化”的互联网时代，社会发展所带来的改变和冲击很容易打破大学生的内心平衡，由此产生诸多负面情绪。近年来，大学生备考就业的焦虑和人际关系的孤独普遍存在且影响复杂。有研究发现，“当代大学生孤独感与主观幸福感、生活满意度、积极情感呈显著负相关，与消极情感呈显著正相关”[②]。

焦虑是一种类似担忧的反应，是个体主观臆测会有某种不良后果产生时的不安。大学生遇到困难挫折或者担心要付出巨大的努力才有可能完成某项任务时，他们的自尊心和能力受到潜在的威胁挑战，便会衍生出这样的负面情绪。不同年级的大学生会面临如情感焦虑、形象焦虑等不同的焦虑，但对于备考和就业，很多大学生的焦虑状态就比较同频同步了。面对期末闭卷考试、英语四六级考试、教师资格证考试、各种专业技能考试以及升学招生考试等，大学生在应试备考的环境下受到身心因素的制约，会表现出记忆力减退、注意力无法集中、学习时崩溃大哭、考场上紧张出汗等方面的焦虑症状。重压氛围所带来的不适感还会引发大学生的自我否定，造成心理失衡，甚至有可能催生心理危机，作出伤害自己或他人的行为。大学生毕业时或早或晚会面临或好或坏的就业条件，一些综合素质较

① 王田茹．思想政治教育视域下大学生积极心理品质培育研究［D］．哈尔滨：哈尔滨师范大学，2021.

② 陈抗．大学生孤独感、社会支持状况对主观幸福感的影响研究［D］．上海：华东师范大学，2010.

低、抗压能力较差的大学生会发现自己与心仪用人单位的要求无法匹配，从而产生沉重的心理焦虑。还有部分大学生长期处于挑剔、不愿付出的状态，对岗位薪资和工作环境的要求又比较高，心理上很难达到理想与现实的平衡，也会产生隐忧焦虑。孤独心理则是大学生在人际交往中达不到自我期望所产生的寂寞、不满等负性体验。绝大多数大学生能够明白人际交往的重要性，也渴望在社交中被理解、被需要，得到别人的关心和帮助，但有的大学生自我认知不足、过度敏感或者缺乏交流的技巧，很难在情感价值认同上与其他人产生共鸣。还有受功利思想的影响，部分大学生对无利可图的事情袖手旁观，不能与人真诚相待，缺少日常情感沟通又自傲自居，长此以往也会产生孤独寂寞的不良心理。

（三）意志力较薄弱

大学生意志力的薄弱在学习、生活中均有体现，遇到难度较大的任务目标就容易缺乏动力，做事缩手缩脚、不够坚定，产生心理厌倦后容易养成拖延懈怠的习惯，或者放弃努力上进。

学习是学生阶段的首要任务，也是个人能力提升的最佳途径。面对教师安排的功课，缺乏学习动机和兴趣且自控能力较弱的大学生很难按照合理计划持之以恒地完成任务。当大学生的自主性和积极性减弱，导致学习效率降低，只能得到并不理想的学习效果，同学之间的差距也会越来越大。部分大学生自小生活安逸、饱受家庭呵护，一路顺风顺水、百般顺意，其所需所想来得简单直接，遭遇困境时表现出的独立性较差，习惯性逃避问责，往往不愿意下功夫，缺少艰苦奋斗的韧劲。侯佳琦曾在调查问卷中针对大学生的意志力表现进行提问，超过40%的同学遇到难度较大的科目时，往往不愿意下功夫就选择放弃①。然而大学课业总有挑战，需要应对许多棘手的问题，尤其是在理工科项目中，如果不能在一次次的重复实验后坚持总结和梳理，最后的结果只能是失败。也正是因为有的大学生以得过且过的态度敷衍学业，应付老师也欺骗自己，到毕业时只能感慨时光易逝、一无所获。拖延症是大学生意志力薄弱的又一严峻问题。不同于中学时期时刻有教师约束监督，大学生活更多靠的是自制力和明确的目标推动个体向前发展。有的大学生在“明日复明日”的话题中自我调侃，又在“deadline”的红线上极速狂飙，在一次又一次的“晚点再说”中任由自己懈怠。没有坚定的意志力和决心，大学生的心理防线容易被社会性活动击溃，感觉到神经紧张和焦虑不安，妨碍自我身心健康发展。

（四）自我人格缺陷

健全的自我人格是各种良好人格特征在个体身上的集中体现，具体表现为有自知之明，能正确处理人际关系，具有积极进取的人生观，并以此为中心把自己的需要、愿望、

① 侯佳琦．大学生积极心理品质培育研究［D］．锦州：渤海大学，2019.

目标和行为统一起来，把自己的智慧和能力有效运用到能获得成功的工作和事业上①。自我人格是人的整体精神风貌的总和，是相对稳定和独特的心理行为模式，能够有效解释和预测个体行为。然而当代大学生较为缺少积极进取的精神品质，人格修养不够完善，不能从自身特点、能力出发确立预期目标，从众、依赖的表现明显。

大学生的自我人格处在不断发展的状态，受到先天因素和外界环境影响，呈现出一定的冲突性。部分大学生能够在变化中进一步认识自己、接纳自己，学会调节和控制情绪，培养出乐观勇敢的积极人格特质。也有部分大学生难以适应转变，消磨了积极心理品质的萌芽，出现焦虑、自卑等人格问题。他们容易受到身边人和社会价值观念的影响，对自我判断的结果不自信，主体意志不坚定，有“人云亦云”的行事倾向。比如，在毕业选择的时候，大四的学生对自己缺乏客观定位，价值追求不明确，盲目跟随同辈人的脚步去备考研究生，身心俱疲成功上岸后，迎来的却是压抑不安的三年，特别容易心态焦灼甚至崩溃。这部分大学生不能明晰自己的理想，缺少主见和独立思考的能力，盲从到最后失去了自我价值的剖析，对于现状表现出强烈的不满，想要改变又不知从何下手。近年来，就业环境的变化影响着大学生的择业心理，依赖性的表征越发突出。部分大学生放弃原有的择业规划，过分依靠父母和亲朋好友的人脉推荐就业，这虽然有社会环境不可抗力因素的影响，但这种心理现状明显不利于大学生独立能力的培养。大学生在择业时缺少自信和责任担当，弱化了自身社会生存的自主发展意识，盲目跟随或者依赖于人情关系的指向与帮助，从事了不符合自身价值的工作。当其在实际中较少体验到工作的成就感和满足感，又因为困难疑惑无法自行解决时，便容易催生出孤独无助、懦弱讨好型的人格短板。

（五）生命意识淡薄

生命是人基于肉体自然追求价值超越的存在特性。生命无疑是可贵的，人类对于生命的阐释和探索也从未停止过。因为生命，人们能够感知世界上一切美好的存在，亲情、友情、爱情、美食、美景等都是感官体验幸福快乐的来源。生活在高速发展的中国特色社会主义新时代，大学生本应肩负起生命的自我责任、社会责任和历史责任，成长为诚信友善、爱岗敬业、乐于奉献、坚韧不拔的独立个体。然而有的大学生物质生存和发展需求相对获得的满足度较高，自我意识较强，没有遭遇过太多的挫折，无法承受高压和抑郁情绪，便在现实困境中滋生出自我伤害的危险行为来实现解脱。也有部分大学生因为成长环境特别是家庭教育的影响，本身敏感脆弱，在情感学业上的追求变得强迫偏执，容易以威胁他人生命、伤害自己身体的方式来满足自我内心的不安，证明自己的勇气与魄力。这些大学生对生命的认知不足，生命意识淡薄，迷茫于“人活着的意义”。当然，也有大学生

① 赵剑平．论大学生健全人格的培养方略［J］．教育与职业，2013（3）：53-54.

处在心理危机的前期状态，人体机能释放出性情大变、语言大变、行为大变、托人、托物等危机信号，亟须专业辅导员老师、医生、朋辈力量等进行干预疏导。其实不同生命时段所追求的生命价值是不同的，当个人能够因为草地上新发的绿芽而感到欣喜和安慰，在生活细微处感觉满足和幸福时，生命就有了意义。

三、积极心理学视角下的大学生不良心理品质的成因分析

大学生表现出的不良心理品质是受到多方因素影响形成的，除了社会的支持力度不足、学校缺乏有效的指导外，大学生自身的认知程度和家庭的重视程度也有待加大。

（一）社会对大学生积极心理品质的支持力度不足

社会经济环境的影响使人们过度追求物质享受，容易忽视精神文化在个人成长和社会和谐方面的引导作用。大学生积极心理品质的培育不只是学校与学生的双主体作用，也需要政策方针引导形成的良好社会环境共同作用，从而为大学生适应社会和调整心态提供有力的外部保障。依据社会支持理论的观点，一个人所拥有的社会支持网络越强大，就能够更好地应对各种来自环境的挑战。由此可见，将大学生心理健康与社会价值有机统一起来，落地落实各项教育措施，明确大学生身心全面发展的内涵，有助于提升大学生积极心理品质培育的实效性。然而在实际生活中，社会教育影响力的发挥并不充分，对大学生积极心理品质培育的支持体系也不够完善。尤其是在媒体舆论环境中，话语权分散和信息真伪混杂，大学生受到群体感染，特别容易产生恐慌、焦虑等负面情绪。有的大学生长期处在冗杂的网络戾气氛围里，认为自己看到的困难与伤害才是真实的，丧失了对社会、国家的客观判断，从而产生消极的人生态度和偏颇的价值观念甚至漠视生命，用破坏性的行动表达自己的不满和怒气。在这样的情况下，心理疏导和积极心理品质引导就显得格外重要，社会的关爱与政策能够帮助大学生尽快适应不利环境，走出心理阴霾，强化自身的抗压能力和适应能力。

（二）学校对大学生积极心理品质缺乏有效指导

高校是大学生积极心理品质培育的主战场，肩负着培养德智体美劳全面发展的新时代青年的重任。虽然高校开设有相应的课堂教程，也配备了专门的心理辅导室或教育中心，但在积极心理品质的发展引导上依然存在短板。有的高校过分注重学生的书面成绩，积极心理品质培育的相关活动则是流于表面，只为了应付上级检查，缺乏科学有效的转变指导，故而将评判大学生发展的标准变得单薄片面。此外，高校针对心理问题的趋向依然是以预防和矫正为主，在积极心理的发展性引导上还有所欠缺，而且师资队伍的专业水平还有待加强，课堂上的教育方式还比较传统，无法有效提升课堂效率。有的教师还出现了职业倦怠倾向，表现出情绪耗竭、个人成就感低等悲观状态。面对大班教学现状，不同学科

不同专业的大学生同上一堂课，积极心理品质培育的相关课程很难发挥其针对性作用，也无法根据具体的问题进行分析，为不同思想水平层面的学生提供有区别、有质量的服务。高校教育要积极结合教育体制和教育资源，全程全方位地开展育人工作，也要发挥朋辈教育的优势，扩大积极心理品质培育的发展视野，对产生孤独、恐惧、迷茫等情绪的学生要及时关注、温暖开导，要下沉教育主体辅助大学生群体的心理健康建设，激发他们成长成才的潜在能力。

（三）家庭对积极心理品质教育的重视程度不够

通过大学生个体的思想行为表现能够看到其家庭教育的影子，父母的思想品行和价值观念会在孩子成长期间产生最直观的影响。个体在幼时没有固态的性情举动，他们往往会学习和模仿身边最亲近的人来补充自己的认知储备，因此常常说父母是孩子的第一任老师，有着重要的学习示范作用。然而一些家长由于自身受教育程度的限制，缺乏与时俱进的家庭教育和心理健康教育知识，教育方式传统守旧或简单粗暴，容易给孩子造成无法磨灭的童年影响，以致在后期的性格养成中出现唯唯诺诺或我行我素的发展趋向。这部分家长有的对孩子有较强的掌控欲，只管一味地给予和付出，所谓的关心与爱护实则密不透风地形成了阻碍孩子个性自由发展的高墙；有的则是无底线宠溺顺从，助长孩子青春期的嚣张气焰，使他们在与人相处或者团队合作时表现得高傲自负、不可一世；还有家长奉行较为极端的教育理念，比如“大家长主义”“棍棒底下出孝子”，只关注孩子的学习成绩有没有让父母满意，稍有分歧便恶语相向、棍棒体罚，以打击式教育贯彻始终，使孩子长期笼罩在自卑胆怯、敏感焦虑的氛围里。此类家庭教育观念和行为都忽视了孩子个人的心理需求，缺少科学有效的亲子沟通，也没有循序渐进地正向引导，根本无法走进孩子的内心世界。部分大学生在这样的家庭环境中留下了无法治愈的创伤，在进入大学后变得十分好强，急于脱离原生家庭，渴望独立的经济来源，可能出现懈怠学业、寻求外界刺激的不当行为，为学校培养大学生积极心理品质埋下了痛点和难点。

（四）大学生自身对积极心理品质的认知有待加强

大学阶段的学生心智性格没有发育成熟，缺少社会阅历的加持，在认知自我和客观外界时存在偏颇与不足。当理想与现实发生冲突时，有的大学生会感到困扰和局促，加上对积极心理品质认知的缺失，他们的心理状态会变得低迷消沉，进而在社会宏观环境中表现出自信心、自控力和判断力缺失，社会责任感也比较薄弱。大学生群体本是热情洋溢的青春力量，很多大学生对未来发展都有着憧憬和期待。然而现实社会系统的复杂立体，生理、心理、环境等诸多因素的交叉影响，使他们在人际交往和创新创造上不可避免会遭遇挫败和冲击。有的大学生因此丧失了自己在现实生活中的定位，变得没有朝气，没有冲劲。有的大学生对自己的心理状况普遍认知良好，不敢直面和承认心理状态变化，也不愿意向身边的亲友或专业教师寻求适时的帮助，长期处在消极被动的氛围里，逐渐丢失对周遭环境的敏锐反应甚至变得孤僻离群。如果这种问题不能及时了解、解决，则很可能衍生为轻生意向。大学生虽然认知水平不一，但自身有着很强的好奇心和求知欲，加以正确引导能够帮助他们突破认知局限，发挥其情绪疏导的主观能动性。尤其是网络大环境下，更要避免大学生在虚拟世界养成过度依赖、浮华虚荣的价值观念，又在现实生活中表现出冷漠自大、固执偏激的个性缺陷。

四、积极心理学视角下的大学生积极心理品质培养的可行性

（一）理论可行性

一是西方积极教育理念的引入为大学生积极心理品质培养提供了思路。大数据时代以来，人类科学家开始探索文化的遗传 DNA，通过对大量数据的分析发现人类社会的进步和发展是靠合作、交往、交流来实现的，而这些依靠的不是掌握理论知识的多少，而是积极开放的心态、快乐友好的关系以及合作共赢的方式。随着积极心理学研究的兴起，各国纷纷对原有的教育模式以及教育方法进行反思，越来越多的学者开始提倡积极教育，把教育重点从理论知识转向情商教育、幸福教育、美德教育、乐观的性格教育等。各项研究表明，中国在传统的知识教育方面，并不亚于世界上任何国家、任何文化，但我们需要知识以外的教育，需要积极教育。积极教育在中国正在逐步渗入，我们国家正在大力提倡的素质教育、核心素养培育都带有积极的色彩，大学生积极心理品质培养有充分的理由借鉴积极教育的理念，并且可以从中探索更为有效的途径。

二是中国传统文化中的积极因素为大学生积极心理品质培养提供了文化背景。中华文化有着上千年的历史，从古至今对于良好品质的研究从未停止，有关良好心理品质的论述古来有之。儒家思想对中华文化影响最为深远，培养美德是儒家学说的核心，最重要的五种美德分别是仁、义、礼、智、信，仁即爱心、善良，义即责任、正义，礼即对他人有礼有节、谦逊与自制，智即智慧与知识，信即诚信与忠诚。中国传统文化中“天行健，君子以自强不息”“己所不欲，勿施于人”“慎独”“修身”等都体现着积极品质。所以说，中国传统文化中的积极因素虽然没有用积极心理品质这一概念去约束与规范，但已经深入人心，影响着国人心理品质的发展，这些均为大学生积极心理品质培养提供了本土化的支撑。

三是积极心理学与思想政治教育的诸多相通之处为培养的实施提供了可能。首先，二者目标都致力于人的发展。积极心理学是研究人快乐和幸福的科学，关注人内心美好、积极的一面，思想政治教育的本源目的从马克思主义人学视野中看，是促进人的生存和发展，目标的契合是教育与培养实施的前提。其次，二者都关注人的心理品质的培养。积极

心理学研究人的主观体验、积极品质，致力于使普通人生活得更幸福，进而促进社会的繁荣。思想政治教育的最终目标是大学生的全面发展，培养德智体美劳全面发展的学生，必然内在包含着对学生积极心理品质的培养。最后，积极心理学促进思想政治教育的积极转向，丰富思想政治教育的理论与方法。长久以来传统思想政治教育的理论灌输以及封闭的传授形式不能很好地适应当前开放环境下多元化的价值取向，所以教育者不断探索，将积极心理学融入思想政治教育之中，转变教育模式，改善教育主客体之间的关系，创新教育方法等。思想政治教育的积极转向虽然不够彻底和完善，仍带有问题倾向，但对大学生积极心理品质培养仍是具有积极意义的尝试。

（二）现实可行性

一是国家政策注重积极心理品质培养。2004 年《关于进一步加强和改进大学生思想政治教育的意见》明确指出，根据大学生的身心发展特点和教育规律，注重培养大学生良好的心理品质和自尊、自爱、自律、自强的优良品格，增强大学生克服困难、经受考验、承受挫折的能力，这体现了国家层面对于大学生积极心理品质发展的关注与重视。2016 年全国高校思想政治工作会议强调要坚持把立德树人作为中心环节，培育理性平和的健康心态，加强人文关怀和心理疏导。高校“立德树人”，树的是全面发展的人，树的是积极的人，内在包含了心理品质的发展与培养的要求。党的十九大报告提出加强社会心理服务体系建设，培育自尊自信、理性平和、积极向上的社会心态，这对全社会心理发展方向提出要求。国家对于大学生乃至全社会积极心理品质的重视为大学生积极心理品质培养的实施提供了政策上的可行性。

二是社会主义核心价值观深入人心。近年来，社会主义核心价值观的大力倡导和培育使“富强、民主、文明、和谐、自由、平等、公正、法治、爱国、敬业、诚信、友善”深入人心，整个社会对于社会主义核心价值观的情感认同有很大提升，并且正在融入人们的行为习惯之中。前面提到积极心理品质是社会主义核心价值观培育和践行的心理基础，实质上二者是相互促进的，在社会主义核心价值观为人们所认同的社会背景之下，积极心理品质的培养也更能为世人所接受，同时一系列的培养措施也能发挥相应的作用。

三是高校教育逐步实现积极转向。在“立德树人”目标的指引下，高校教育正在逐渐脱离“重知识、轻品德”的消极教育模式。高校思想政治教育以及大学生心理健康教育逐步从“问题模式”转向以预防教育为主、重视学生优势培养及潜能开发的积极取向。高校“两课”教育面对时代发展带来的新环境、新要求和新挑战，不断改革创新，从大学生的成长诉求出发，重视人文关怀以及心理情感教育，开始关注学生积极品质的培养。高校尊重学生主体性及个体发展需要，以大学生的全面发展为着眼点的理念与方法的积极转变为大学生积极心理品质培养提供了教育层面的依托。

四是大学生具有积极潜能和自我发展的需要。人所具有的某种潜能在充分发挥后会感到愉悦和满足，这是人内在积极本性的表现，是自我实现的需要。大学生具有这种积极的本性，渴望自身在各个方面能够得到发展，一方面是大学生自我实现的心理需要，另一方面是大学生希望自身社会价值得以发挥的需要。人本身具备积极的本性和潜力，需要被发掘和培养，才能在现实中发挥力量。大学生的积极性与潜能以及自我发展的需要从大学生自身角度为其积极心理品质培养提供了可行依据。

第三节　积极心理学视角下的大学生积极心理品质培养对策

一、积极心理学视角下的大学生积极心理品质培养原则

积极心理学视角下培养大学生积极心理品质实质，是一项需要各方相互配合、共同发展的长久工程，既要遵循思想政治教育的一定原则，又要依据积极心理学的理念进行积极转变。

（一）主体原则——“以生为本”

主体原则是积极心理学视角下大学生积极心理品质培养首先应遵循的原则。作为高校思想政治教育的重要内容，培养大学生积极心理品质同样具有双重主体，即教育者与被教育者。但这里我们所研究的是大学生积极心理品质的培育与发展，所以这里的主体是指高校大学生。所谓主体原则，就是在培养大学生积极心理品质的过程当中，对于大学生的主体地位、思维方式以及行为特点都予以充分的尊重，充分调动其主观能动性，坚持以生为本。

一是充分尊重大学生心理品质的个性化。马克思主义认为，人对世界或者对自身的实践改造都要从人的内在尺度出发。对大学生积极心理品质的培育就是对其内心世界以及品质进行改造。世界上没有两个人的心理品质是完全相同的，也就意味着每个大学生的心理品质都有其个性。基于主体原则，在培养大学生积极心理品质的过程中，需要从个体出发，充分尊重其心理品质的个性化。

二是以积极的视角看待大学生的心理品质。每个人成长的环境、过程以及阅历都不同，每个人都可能存在一些消极的品质或者人性的弱点，但是高校思想政治教育者在培养大学生积极心理品质的过程中不应带着歧视或消极的目光去审视其心理弱点，而应该积极客观地看待，并帮助其形成更多的积极品质。

三是给予学生更多的空间，充分发挥其主观能动性。著名教育家叶圣陶说：“教是为了不教。”大学生作为积极心理品质培养的主体，年轻、充满活力，并且成长在高度信息

化的时代，他们对于一些事情有独到的见解。教育者应充分发挥引导作用，并为大学生预留足够的发展空间，调动其积极心理品质培养的主观能动性，使其积极心理品质得到自然、健康的发展。

（二）优势原则——由“问题”转向“优势”

优势原则是基于积极心理学而提出的，是指在培养大学生积极心理品质的过程中，要看到大学生自身的优势，看到其自身所具备的积极心理品质以及积极心理品质形成的潜力，而不是专注于其心理问题或者消极心理品质的改造，即从以往的“问题”视角转向“优势”视角。

以往高校思想政治教育对于大学生心理品质培养过于关注大学生所存在的问题，或者假设存在问题，然后再从问题出发去解决问题，并且经常会抹杀大学生的主体价值，这是一种消极的教育理念，这种“问题视角”严重打击大学生接受教育解决问题的积极性，直接或者间接导致了大学生对于教育内容的排斥，所收到的效果也相去甚远。

积极心理学认为，积极因素是人与生俱来的，并主张从人的积极方面出发，看重人的优势，发掘人的潜力，首先看到的是人美好积极的一面。所以，在积极心理学视角下，培养大学生积极心理品质要从大学生的美好品质出发，充分发挥大学生内在积极潜质，发现大学生的闪光之处。人的积极心理品质都是相互关联、相互影响的，如领导力品质就内在包含了公平、正义、勇气等积极品质；具有审美品质的人在欣赏他人美好品质的同时也会自觉地去学习此种品质。所以说，培养大学生积极心理品质要从“优势”视角出发，发现并鼓励已经具备的积极品质，以一种或几种积极心理品质去培养其他的积极品质，这才会收到事半功倍的效果。

（三）发展原则——多维度全面发展

“育人”是任何时代、任何国家的教育永恒不变的目标，我们国家以培养全面发展的人为目标，发展素质教育，在逐步扭转“应试”教育环境的同时加强“育德”与“育心”，将学生心理品质的发展置于重要位置，正在逐步实现从“教”到“育”。大学生积极心理品质培养可以说是“育德”与“育心”的具体化实施途径，应当遵循发展原则，以培养全面发展的大学生为目标，使其积极心理品质多维度全面发展，且培养过程中应持以发展的眼光，不能将大学生心理品质的现状或发展趋势局限在特定的时期。

不管是从社会需求还是从大学生自身发展的角度来看，大学生应当具备的积极心理品质是多种多样的，从西方的 VIA 量表以及中国学者对于积极心理品质测量的相关量表都可以看出，创新、好奇心、诚信、公平、宽容、团队精神等一系列积极心理品质都是大学生全面发展所不可缺少的，正因如此，大学生积极心理品质培养应当从认知、人际、情感、公正等不同维度，使其心理品质得以全方位发展。

世界上一切事物都是运动、变化和发展的，发展原则的另一层含义在于大学生积极心理品质的发展也是一个动态的变化过程，与年龄、所处学习阶段、阅历等密切相关，培养过程中对于大学生积极心理品质的衡量与定位应斟酌充分，不应轻易下结论，而应当发展地看待，充分考虑其发展趋势与潜力，在此基础上寻求积极心理品质的多维度全面发展。

（四）整体原则——知、情、意、行系统培养

基于积极心理学视角，积极心理品质不是各种美好品质的简单叠加，而是系统的有机整体，由内在的“知、情、意”进而外化于“行”，知、情、意、行四者相互联系、相互制约、相互促进。可以说，积极心理品质形成的过程就是培养知、情、意、行的过程，应当遵循整体原则，运用整体性思维，知、情、意、行协同培养，并重视其内在的联系。

“知”是人的认知和观念。人的认知有的是正确的、合理的，有的是不正确的、不合理的。积极心理品质的培养首先应当使学生形成正确、合理的认知，特别是积极客观的自我认知，包括对自我理智而客观的分析、对自身未来发展趋势积极合理的预测以及对过往经验和问题的理性认识、悦纳自我、合理的社会比较等。在合理认知的前提下人的情绪情感、意志、行为才可能进一步地完善与发展。“情”是情绪、情感。积极的情绪情感体验是积极心理品质形成的重要环节，也是培养过程中最容易被忽视的。人的情绪情感的变化是最能够切身体会的直观感觉，毫无疑问人更愿意接受能够带来愉快情绪体验的认知或事物，所以在大学生积极心理品质培养的过程中，积极的情绪情感体验所起到的推波助澜的作用不容小觑。“意”是人的意志品质。积极心理品质的形成或者消极心理品质的破除都离不开人的意志，意志是人内心或行为发生改变的坚持所在，但是具有坚定意志的前提是合理的认知或者加之愉快情绪体验的推动。“行”指的是人外在的行为，也是教育者能够最直观观察到的，可以说是“知、情、意”积累到一定程度的外化。我国无论是家庭还是学校的品德教育更多的是注重纠正不当的行为，虽然近年来对于认知的培养有所加强，但仍缺乏对于知、情、意、行的整体把握。

人的品质都是在知、情、意、行反复发展中形成的，所以从积极心理学视角出发，对于大学生心理品质的培养要从大学生的知、情、意、行整体出发，遵循其发展的规律，适情、适时、适度，循序渐进，做好每个阶段的衔接，使之良性循环发展，避免急功近利、急于求成。

二、发挥高校思想政治教育的主导作用

当前我国对于大学生道德、品格、意识形态等方面的培育，学校教育处于主要地位、承担主要责任，高校思想政治教育更是居于主导地位，所以对于大学生积极心理品质的培养更需要依托于高校思想政治教育的主导作用。

（一）树立积极的思想政治教育理念

高校思想政治教育统筹大学生政治教育、思想教育、道德教育和心理教育，统筹大学生意识形态教育，一直居于大学生意识形态教育的主导地位，大学生积极心理品质培养也必然不能脱离高校思想政治教育。正因如此，高校思想政治教育理念的积极与否必然会影响到大学生积极心理品质培养的教育实践。

什么是积极的思想政治教育理念？积极的思想政治教育应当是在思想政治教育正向的、正确的教育理念的基础上，融入积极的因素，以人为本，将积极心理学中重视人性积极向上的因素融入其中，尊重人性中潜在的自我冲突以及个体的自我优势，用积极的方式解决思想政治教育中的问题。

如何树立积极的思想政治教育理念？首先，高校思想政治教育一直以来所取得的成果不容忽视，应持继承并发展的态度；其次，高校思想政治教育需要摒弃不适于新时代教育的传统理念，勇于打破传统的禁锢，对思想政治教育的理论、观念、方法、途径进行探索、创新；最后，在新时代成长起来的大学生在思想、心理等各个方面都具有自身的特征，树立积极的思想政治教育理念应当做到尊重学生的时代特征，真正做到以学生为本。只有在积极的思想政治教育理念的引导下，培养大学生积极心理品质的一系列方法、途径才能真正融入积极的因素，切实地做到行之有效。

（二）增强教育者积极因素

教育者是高校教育教学任务的主要承担者，从高校领导到任课教师以及辅导员，高校教育者无疑决定着大学生教育以及培养的整体方向。师者，传道授业解惑也。所谓“传道”，即教育者需要做到言传身教，在传授知识的同时承担着培养学生品格的重任。教育者的教育理念、教育方法甚至一言一行都对学生的价值观、思维方式、心理品质有着不可估量的作用。增强教育者自身的积极因素，包括提升教育者理论素养、实践技能以及自身的积极品质、积极的工作方式等。

首先，高校应培养创建专业高效的积极教育师资队伍。教育者除必须具备的思想政治教育专业素养之外，还应当掌握一定的积极心理教育的专业知识和技能。教育者对积极教育有深层次的了解才能在教育实践中加以运用，从而在培养大学生积极心理品质的具体过程中发挥作用。例如，高校辅导员是大学生日常事务和行为管理的主要承担者，是大学生思想政治教育最直接的教育者，其只有具备一定的积极教育理论知识，掌握一定的实践方法，才能更好地对大学生的思想以及心理动态有初步的、相对专业的评估和预判，并提供相应的指导。其次，教育者应注重自身积极品质的发展，增强自身人格魅力。“教育者提高自身修养的最基本的方法是认真学习，积极参加社会实践，自觉改造世界观，从而不断完善自己的知识结构，塑造良好的自我形象。”① 学生具有“向师性”，教育者自身的积极品质本身就有巨大的榜样力量，同时也关系到教育者的人格魅力、工作方式以及能否用积极的眼光看待每一个学生等，进而影响着学生对教育者的情感认同度以及对教育的接受程度。最后，教育者应转变自身的教育理念，把自身定位为助人者，而不是高高在上的施教者，如此也有助于学生角色的转换，使学生不只是作为被教育者被动地接受，而是成为积极心理品质培养的主体，自愿去接受积极转变。

（三）充实完善积极的教育内容

“思想政治教育的根本目的是要不断提高人们的思想道德素质，促进人的全面发展。”② 关于思想政治教育的内容一直被笼统地概括为世界观教育、政治观教育、人生观教育、法治观教育和道德观教育，虽然可再细分为爱国主义教育、理想教育、艰苦奋斗精神教育、社会公德教育等，但对于积极心理品质培养的相关内容并没有明确体现。近年来，大学生心理健康教育逐渐归属于高校思想政治教育的范畴，而且越来越受到重视，一些心理健康教育的教材开始增加关于大学生积极心理品质培养的内容，但是其在教育内容地位上的体现并没有上升到可以和积极心理品质的实际重要性相匹配的高度。此外，国内积极心理健康教育起步较晚，目前很多相关内容是对于西方理论的“照搬”，虽然西方积极教育、品格教育相关理论相对先进、前沿，但对于不同背景、不同文化下成长起来的中国大学生能否普遍适用还有待探究。

所以，高校思想政治教育在核心内容不变，坚持马克思主义理论指导地位不变，用共产主义远大理想和中国特色社会主义共同理想、社会主义核心价值观以及中国梦的伟大理想培育引领大学生正确的人生观、价值观、高尚的道德品质、理想信念等的基础之上，应当把大学生积极心理品质培养置于更加重要的位置，并充实完善具有共识性的积极教育的原理性内容以及方法论，增加大学生积极人格、积极认知、积极体验、积极心理品质培养等相关内容。此外，高校思想政治教育应基于我国教育实际，一些对于当代大学生越发重要的积极心理品质教育如创新品质培养、人际交往能力培养、感恩教育、审美教育等内容应着重加强，充实完善真正适合我国高校学生发展的积极的教育内容，使我国大学生积极心理品质培养能够有专业的、普适的积极教育理论的指导。

三、促进大学生积极心理品质的自我建构

积极心理品质作为一种自身素质，其形成重点在于激发学生的自主意识，从而达到积极品质的自我建构。换言之，建立在学生主动意识上的积极心理品质建构才能称为有效的

---

① 郑永廷．思想政治教育方法论［M］．北京：高等教育出版社，2010.

② 陈万柏，张耀灿．思想政治教育学原理［M］．北京：高等教育出版社，2007.

自我建构，学生自助式的积极心理品质培养才是我们所要追求的目标。所以，基于积极心理学培养大学生积极心理品质在高校思想政治教育主导的基础之上，要通过各种方法提高大学生认知水平，发掘积极潜力，引导积极的情绪情感体验，使大学生自觉主动地在实践中培养自身积极心理品质，从而达到积极心理品质的自我建构。

（一）积极课堂教育提高大学生认知水平

积极心理学所倡导的积极特质、积极情绪情感体验都是以积极的认知为基础发展的。从认知的角度来讲，大学生具备建立积极自我认识和进行自我教育的能力，积极客观的认知是大学生积极心理品质自我建构的基础。研究表明，大学生许多心理问题都来源于不合理的认知，对自己过高或过低的评价都会导致不同程度的精神内核的缺陷。只有在对积极心理品质以及自我积极客观认知的基础上，大学生才能主动、有意识地去培养自身积极品质。高校应当通过积极的课堂教育，一方面帮助大学生形成积极客观的自我认知，另一方面提升大学生对积极心理品质的认知。

课堂教育依旧是现阶段我国教育、教学的主要形式，所以对于大学生积极心理品质的培养依然不能脱离课堂，但是传统思想政治教育的课程形式以及内容过于枯燥、单一，应进行改革和创新，增设积极心理教育的课程。例如，哈佛“幸福课”的兴起就是积极课堂教育很好的一个特例，深入浅出地教授学生掌握积极的心理力量，了解如何更快乐、更幸福、更充实。目前国内部分高校如清华大学开设幸福课，进行积极心理教育的尝试反响良好，应当在高校中进行推广。此外，积极的课堂教育不能仅仅依靠增设相关课程，还应当创新课堂教育形式，提高课堂效率，可以尝试不同空间位置的课堂模式，如开放式、圆周式等。我国高校课堂多采用教师在高位、学生在低位自上而下的课堂模式，无形中界定了师生之间不平等的位置关系，如此也无形中削弱了心理品质教育的效果。圆周式或开放式的课堂可以拉近教师与学生间的心理距离，从而提升教育效果。

（二）团体活动挖掘学生积极潜力

积极心理学认为，人生来就具有积极的潜力，人在进化的过程中积极潜能的发育已成为一种自动化机制，但是其力量的发挥仍需要在现实中重视与培养。大学生积极心理品质培养实践需要挖掘大学生的积极潜力，在大学生相信自身具有积极潜力并欣赏自身的前提下，才能发挥主观能动性，付诸行动去培养和实现这种潜能，从而达成积极心理品质的自我建构。

团体活动是挖掘大学生积极潜力的有效方式，团队自然的归属感与凝聚力是其他形式的教育教学活动无法形成的优势，大学生在团队中既可以进行纵向的自我对照，又可以横向与他人进行对比，能够更好地促进积极潜能的发现与发挥。同时，团队中其他成员的客观评价、支持与鼓励也是大学生发展积极潜力的重要助力。第一，强化团队心理辅导。团队辅导是大学生心理健康教育的重要部分，大学生在团队互动、交往、观察之中得到学习、体验，认识自我、探索自我、挑战自我，互助互利，发展与体验人与人之间的交往，发展良好的适应性。团队辅导可以针对不同层面的大学生开展不同主题和目的的心理辅导，是更具实效性的团体活动的形式。第二，组建针对培养多种积极心理品质的团队。创新团队是许多高校所热衷的团队形式，创新品质培养一直以来为高校所重视，但是往往覆盖面较窄，仅仅吸纳一部分有突出才能的大学生组成创新团队。基于培养大学生积极品质、挖掘大学生潜力的角度，高校应组建多样化的针对培养不同积极品质的团队，目的并非建立高、精、尖的科研技术团队，而是在团队活动中发掘每一个大学生的潜能，让大学生看到自身的闪光点，以培养其积极品质为根本出发点。第三，开展丰富多彩的团体竞技活动。竞技式的活动本身就可以激发人的潜能，团体竞技活动与个人竞技不同，在发掘自身能力的同时还可以增强学生的团队精神，体验互助协作，凝集共同的智慧与能力，在活动中充分发掘团队成员的潜能。

（三）情境教育引导学生积极情绪体验

积极情绪体验是积极心理学研究的重点，而且具有重要衔接作用。积极的情绪情感体验是积极心理品质自我建构中的重要环节，学生的主动参与体验在积极心理品质的形成过程中起着至关重要的作用。积极心理品质培养可以看作一种行为过程，也可以看作一种心理体验过程，处于积极的情绪体验之中才更有利于认知、意志等的良性发展，学生在积极的情绪体验之中更容易自发地培养积极品质。引导大学生“把获得积极情绪体验作为一种日常生活习惯”①，不是一味驱逐消极情绪，而是在生活中抓住机会尽可能多地获得积极情绪，情境教育则能够很好地达到这一目的。

情境教育的方法由于具有生动、贴近生活、易被大学生接受的特点，近年来在大学生心理健康教育中逐渐被提倡。比如，近来备受推崇的心理情景剧的方式，模拟创建相应的情境，让大学生身处特定情境之中，真实体悟内心深处的善良、真诚、爱等积极品质或者身处困境时的焦灼、成功时的喜悦等情绪情感，加之专业教师的有效指导，使情境教育所达到的效果远远高于单纯的说教。“品格教育真实情境的创设能够使品格教育显得自然而轻松。”② 在特定情境中引导大学生积极情绪体验能够收到其他教育方式难以超越的良好效果。首先，情境教育能够有效引导大学生合理的心理需要。合理的心理需要是获得积极情绪体验的前提，人的需要理论认为，当人的需要得到满足时则产生快乐、愉悦等积极的情绪体验，反之则容易产生沮丧、抑郁、焦虑等消极体验。情境体验可以帮助大学生在切身体会之中对合理与不合理形成客观的认知，并且能够主动摒弃不切实际的心理需要。其

① 任俊．写给教育者的积极心理学［M］．北京：中国轻工业出版社，2015.

② 谢狂飞．美国品格教育研究［D］．上海：复旦大学，2012.

次，情境教育能够帮助大学生掌握合理的情绪调节方法。当大学生体验特定情境带来的不良情绪时，在教师的指导下能够学会情绪转移、适度宣泄、自我暗示等方法，进行情绪的自我调节。最后，情境教育引导大学生合理的归因分析。很多消极情绪的产生是由于不合理的归因造成的。例如，大学生将遭遇挫折或失败归因于通过任何努力都无法改变的自身能力低下，则负性情绪很难消解。在如此特定的情境中，指导教师帮助引导其从可变的外界因素来归因，则能够使大学生重拾自信，缓解负性情绪。

四、激励家庭营造积极培育氛围

家庭是孩子成长的第一所学校，家长作为孩子人生路上最重要的启蒙教师和引路人，其言行直接关系着孩子未来发展方向的选择，家庭教育在孩子的教育中具有基础性地位，是孩子人生跑道上的“起跑器”。因此，培育大学生积极心理品质也不能忽视家庭教育的作用。

（一）矫正偏颇观念，形成积极教育方式

家长应具有对积极心理学和积极心理品质的正确认识，只有对积极心理品质的内容有一个较为全面的了解，明确孩子拥有积极心理品质可以更好地面对生活中出现的问题，能够拥有更美好的生活体验，提升自身的幸福感，才能帮助孩子树立培养自身积极心理品质的意识。

第一，家长要从根本上转变“学而优则仕”的传统思想观念。首先，家长应明确，子女的成长不仅仅依赖于学业成绩，还包括很多其他方面，如社交能力、自主学习能力、身心健康等，尤其是心理健康教育在孩子成长过程中发挥着重要的作用。家长要将子女的心理健康教育与学习成绩同等重视起来，了解子女不同阶段的心理特点和思想特点，在子女成长的不同阶段给予孩子正确的引导，鼓励子女形成积极认知，发现自身的闪光点。其次，家长应该积极倡导多元化教育，让子女在校外参加各种活动和课程，积极支持子女正当的兴趣爱好。活动和课程不仅可以促进子女综合素质的提高，也有助于子女更好地发掘自我潜力，为将来的职业规划提供更多可能性。而兴趣爱好的培养则有利于其自身创造力和开放性思维等积极心理品质的培养，劳逸结合的学习方式更有利于子女产生对学习的热情。最后，家长还应该摒弃过于功利的心态，不要过分强调子女的学习会对将来的收益和地位产生什么样的影响，而是要多关注子女本身的成长和幸福，关注子女的内心体验和情感需求，与孩子并肩前行，在子女成长的道路上给予他们积极的指导和鼓励，更好地提升子女的幸福感。

第二，家长要优化教育模式。首先，引导子女自主学习是十分重要的。许多家长过分依赖于传统教育方式，希望子女尽快学会一些特定的知识和技能。然而，自主学习是培养

子女解决问题的能力和创造力的重要途径。家长应该鼓励子女主动了解不同的话题，发现问题，并探索寻找答案。同时，家长也可以提供多样化的学习资源和平台，让子女有更多的选择，去学习自己感兴趣的内容和技能。其次，教育模式应该考虑子女的个性差异，不应该一概而论。每个子女都有自己的天赋、兴趣和学习方式。因此，家长应该努力了解子女的需求，制订相应的教育计划，并根据子女的需求调整教育方式。对于那些有创造性思维和倾向的子女，家长可以鼓励他们去发掘自己的潜力，培养他们的创新思维能力。对于那些社交能力较弱的子女，家长可以通过游戏和社交训练，帮助他们更快地融入社会。再次，家长还可以通过多样化的教育方式促进子女的全面发展。现代社会中，许多家长担心子女缺乏社会经验和技能会影响他们未来的发展。因此，家长可以尝试一些不同的教育方式，如亲子游戏、户外探险和艺术表演等，这些活动可以帮助子女获得更多的社会经验，增强他们的创造力和想象力。最后，家长必须注重子女的情感需求，在教育过程中维护良好的家庭关系和亲子关系，避免对子女施加过多的压力。同时，家长也需要与子女进行有效的沟通，了解他们的需求和想法，这是建立互信关系的关键。维护良好的家庭关系和亲子关系，是子女健康成长的必要条件，家长应该从这个方面入手，让子女得到更加全面的成长。

（二）注重家风家训，弘扬传统美德文化

家风家训是一个家族的传统文化，是一个家庭道德与行为准则的集合。家风家训可以代表一个家族的文化传承，代表了这个家族的历史和精神以及责任感。将积极心理品质的内容融入家风家训，不仅能够让传统文化得到创新发展，也能够帮助营造良好的家庭环境，让子女在家风家训的熏陶中对积极心理品质有更进一步的了解。

第一，将积极心理品质理论内容融入家风家训。家风家训是一个家庭的主旋律，对孩子的成长发挥着重要的作用。我们都熟知司马光砸缸的故事，但是他的教育理念和家风家训却鲜为人知。司马光不仅位高权重，在子女的教育方面也是严于教子，他非常注重子女自律自立意识的培养。他在总结了众多历史上因为祖辈庇佑而最终颓废没落的高官子弟的教训之后写了家喻户晓的《训俭示康》，他告诫自己的子女："有德者皆由俭来也。""俭以立名，侈以自败。"正是因为司马光教子有方，他的孩子个个谦逊有礼，不仰仗父亲的权势，不依靠家庭的财富，自立自强，都取得了不错的人生成就，实现了自身的价值，以至世人发出"途之人见容止，虽不识皆知司马氏子也"的感叹。因此，父母要重视家风家训在培育大学生积极心理品质过程中的重要作用。针对孩子在积极心理品质各维度存在的问题，父母应多用榜样的事例进行激励，培养其毅力、社会责任感、谦虚、谨慎等积极心理品质，同时父母应积极主动营造和谐的家庭关系，让孩子感受到父母的爱，孩子将有更多的积极情感体验，有助于其形成积极心理品质。

第二，加强家风家训的实践。注重家风家训并不仅仅是将积极心理品质的相关内容简单地罗列在家风家训之中，更要将训诫变成规范。父母可以通过日常的模拟场景、故事启示等方式，时刻提醒子女要树立正确的思想观念和道德标准，主动激发自身的积极优势，培育积极心理品质。父母可以将包含积极心理品质内容的家风家训灌输到日常生活中，不断引导子女形成正确的认知和思想观念。比如，针对子女在节制维度存在的问题，父母应时刻以“满招损，谦受益”的道理教导子女，并引导他们接纳自我，以培养其谦虚、谨慎等积极心理品质；针对子女在领导力方面存在的问题，父母可以经常以家庭为单位，定期组织家庭会议等活动，让子女担任会议的负责人，从而锻炼子女在领导力方面的能力。此外，父母也可以通过家庭活动等方式，让子女深入体验家风家训所代表的家族文化，在增加家庭成员之间的交流和感情的基础上，让子女能够真正体验到积极心理品质的价值和意义。

（三）提高自身素质，重视以身示范效应

高效履行父母对家庭教育应承担的义务，仅仅依靠关注还远远不够，培育孩子积极心理品质是每个父母义不容辞的责任。父母在子女教育方面是教育孩子的主体和权威，而不是一个旁观者，子女常常会以父母作为模仿的对象。因此，父母对子女积极心理品质的培育好坏有着直接的影响。父母要培养子女积极心理品质，最重要的是要加强对自己的教育，提高自身素质，树立良好的道德修养。

第一，父母应努力使自己成为一个称职的“榜样”。父母既应该具有正确的德育观念，也要处处严格要求自己，这是家长应具备的基本素质。在调查中我们发现，部分大学生在积极心理品质的不同维度存在一定的问题，并且很多大学生表示会在不经意间模仿父母，因此，为了更好地培育大学生积极心理品质，父母应当在日常生活中做好子女的榜样。比如，对于子女在升华维度存在的感恩意识有待进一步提升的问题，父母在生活当中可以以身作则，孝敬自己的父母，心怀感恩，以此引导子女培养感恩的积极心理品质；针对子女在正义维度存在的问题，父母应提升自身的社会责任感，在潜移默化中影响子女，培养其社会责任感这一积极心理品质。

第二，父母应不断学习，不断进取，与时俱进。在家庭教育中，父母不仅要以身作则、言传身教，而且还要不断地进行自我修炼与提升。唯有自己的人格魅力增强，才会在细微之处看到品性，处处陶冶子女，促进子女的发展。时代不断发展进步，要求父母的教育理念和教育方式也要因时而新。只有这样，才能成为一个优秀的“学者型家长”。其一，家长需要掌握丰富的积极心理学知识，掌握积极心理学能够给子女的成长带来的时代价值，从而避免因知识体系落后，让孩子“嫌弃”。其二，家长要善于总结教育经验，深入了解子女的心理状态，明确子女在积极心理品质各维度存在的问题，让教育更具有针对

性，更好地帮助子女培育积极心理品质，同时也不能过于强调家庭教育，使家庭教育变得更加功利化。只有这样，才能使自己成为一个优秀的家长，为学习型社会中的子女树立榜样。

五、构建积极的社会支持系统

积极的社会支持系统是积极心理学所研究的三个基本问题之一，积极的社会支持是积极心理学视角下培养大学生积极心理品质不可缺少的重要部分，是强有力的外部支撑力量。“一个人的人格养成是成长各个阶段所受教育和所处环境的方方面面的叠加和融合。”① 在积极心理学视角下培养大学生积极心理品质需要改变以往以学校为主要教育阵地的模式，构建家庭、学校、社会联动的充满积极力量的合力支持系统。

（一）爱与智慧的家庭文化

家庭是个体出生后的生存环境，是给予孩子物质、精神双重支撑的一种幸福的存在，是早期经验、体验的来源。家庭教育在培养孩子积极心理品质方面具有长期性、易沟通性等独特的优势，充满爱与智慧的家庭支持对于积极心理品质的形成具有重要意义。

爱能够使家庭教育充满积极因素，充满爱的家庭能够使孩子在成长过程中获得更多安全感，这种安全感是很多积极心理品质形成不可或缺的。例如，爱与被爱的品质最初就是在充满爱的家庭关系之中建立的，自信、创造力、好奇心等品质也是在这种安全感的前提下得以发展的。家庭文化的爱与智慧体现在家庭关系的和谐、父母的教育理念以及教养方式之中。第一，建立和谐的亲子关系。亲子关系是家庭关系中与孩子最直接相关的，也是其人生中建立的第一种人际关系，对其与人的沟通交往、信任等有着重要影响。和谐的亲子关系是家庭教育的基础，在和谐的亲子关系之中家庭教育才能发挥相应的作用。父母应当给孩子适当信任以及自我发展的空间，避免与父母对立、排斥家庭教育的产生。第二，树立积极的家庭教育理念。应转变受传统教育思维影响导致的只注重孩子文化、智力水平的发展，忽略心理品质培育的观念，多沟通，进行心与心的交流，了解孩子想法以及内心困惑，使孩子感受到家的支持与温暖。第三，采用积极的教养方式。父母是孩子的第一任教师，在家庭教育中应当重视父母的榜样力量，在耳濡目染中进行积极心理品质培育。此外，应当尊重孩子意见与想法，给予一定的自主权和平等交流的机会。

（二）积极正向的学校教育

大学不仅承担着教授大学生相关专业知识和技能的职责，同时也承担着大学生意志品质培育的责任。积极正向的学校教育是学生在走出家庭迈向社会过渡时期自我完善以及积

① 谢狂飞．美国品格教育研究［D］．上海：复旦大学，2012.

极品质培养的有力支持。积极正向的学校教育是“一种以关怀、信任和尊重多样性为基础的教育途径”①，学校有责任奉行积极教育的理念，培养学生积极品质，使之更好地迎接各种挑战。

第一，打造积极的校园文化。校园文化是学校所具有的特定的精神环境和文化氛围，既包含学生课余生活中的文化活动，也包含校园建筑、景观、校风、学风、心理氛围、集体舆论等。校园文化体现着一所学校精神文明建设的方向，渗透于学生学习、生活的各方面，积极正向的校园文化能够在潜移默化之中影响着教师的教育目标、方式以及学生心理品质的发展。第二，创建专业的师资队伍，健全心理健康教育机制。建立以大学生心理健康管理部门为中心的校、院、班级心理健康教育工作体系，切实重视大学生心理品质的发展。第三，为学生提供良好的人际交往氛围。来自朋辈、师长的支持是形成良好心理品质的积极力量。人是社会动物，积极、团结、友好、相互尊重、相互信任的交往氛围更加利于学生心理品质朝着积极方向发展。良好的师生关系也极大地影响着积极心理品质培养的实效，学生不会因为教师在道德、品格方面知识渊博而接受其说法，却会因为教师尊重、关心他们而愿意接受教导。第四，为学生提供更多的“内生活环境”积极品质践履机会，即限于校园内的培养积极品质的实践，如鼓励学生参与学校事务管理、组织公益性的志愿服务等。“我们不能如此僵硬地把道德教育局限于教室中的课时，它不是某时某刻的事情，而是每时每刻的事情。”② 同涂尔干对于道德教育的描述一样，大学生积极心理品质的培养也应当是每时每刻的，不能局限于课堂，应与实践密切结合，在潜移默化中培养。内生活环境是相对安全的，所需要学生付出的成本最低，受到伤害的可能性也最低，极大减少了学生内心的不安全感，并且在实践中培养积极心理品质更易于学生的理解与接受，再加之教育者的引导与相应的训练，在巩固学生所接受的心理品质课堂教育的同时，学生的自主自觉性也能够有很大提升。

（三）包容开放的社会环境

社会对于大学生心理品质发展的影响是多方面的，可以渗透大学生生活的任何细微之处，社会大环境的复杂性对于大学生积极心理品质形成的影响具有广泛和无意识的特点，往往是最容易被忽视的。积极和谐的社会氛围是心理品质朝着积极方向发展的土壤，正因如此，培养大学生积极心理品质需要包容、开放、积极的社会力量的支持。首先，正确引导社会舆论导向。社会中一度充斥着“‘90后’‘00后’自私自利、拜金”“一代不如一代”等负面言论，对于青年一代心理品质的发展是非常不利也是极不负责任的，这些以偏

① 斯奈德，沙恩·洛佩斯．积极心理学——探索人类优势的学科与实践［M］．王彦，席居哲，王艳梅，译．北京：人民邮电出版社，2013.

② 爱弥尔·涂尔干．道德教育［M］．陈光金，等译．上海：上海人民出版社，2001.

概全的言论只看到个别青年人的缺点，却完全忽略了大部分人具有的积极品质，如他们思维敏捷，勇于创新，善于交往……我们的社会应当更具包容性，看到当今大学生身上的希望与闪光。我们提倡言论自由，但是应当是全面的、客观的、积极的言论自由。其次，大众媒体传播正能量。在当今互联网大数据时代，信息传播的速度是我们难以想象的，论坛、微博、微信公众号甚至更具私密性的朋友圈无时无刻不在传播着各种信息。大众媒体有责任也有义务进行客观公正的报道，揭露社会中的阴霾，应当注意宣传积极社会信息，弘扬社会正能量，构建积极向上的网络氛围。最后，社会应当为大学生提供更多的公益实践平台，如非营利性的公益活动、志愿服务组织等，培养大学生社会责任意识；建立公益性的心理健康咨询机构，切实关注心理健康问题；对于学业、生活困难的大学生给予更多社会支持，使大学生感受社会的温暖。

（四）家庭、学校、社会的系统化教育

家庭、学校、社会作为培养大学生积极心理品质最重要的社会支持系统，其各自扮演着不同角色，培养大学生积极心理品质离不开任何一方的支撑。家庭、学校、社会在各自承担其教育任务的同时，应当朝着同一个方向，形成合力，避免出现相互矛盾的力量抵消。

当代家庭教育普遍存在着实用主义、功利主义倾向，教育孩子成功而不是教育孩子成人，而且很多时候与学校的理想、信念、品格教育相违背；同样地，学校的正向品质、品格的教育在社会的种种明规则、潜规则的冲击下显得脆弱无力，学生遭遇种种打击，从而怀疑一直以来所坚持的公正、公平的信念。如此种种，无疑从侧面体现了学校积极品质教育势单力薄。培养大学生积极心理品质需要充分协调各方力量，避免家庭、学校、社会力量相悖。家庭应当树立积极的心理品质教育观，给予孩子更多的爱与关心，给予学校更多的信任，避免功利化教育；学校坚持以人为本的教育理念，构建积极的校园氛围，将培养大学生积极心理品质上升为育人的主要途径之一，同时多与家庭进行沟通协作，避免教育理念的冲突；社会作为最复杂的支持力量，各阶层应当对大学生积极心理品质培育达成共识，以社会主义核心价值观为引领，共同创建公平、和谐的大环境。

综上所述，整合方方面面的培养大学生积极品质的教育资源，建立全面、协同的社会支持系统，促进家庭、学校、社会环境的有机统一，形成合力，如此才能发挥社会支持系统的有效力量。

第五章　积极心理学视角下的大学生心理健康教育优化路径

大学生心理健康方面的研究一直是我国高校十分重视的工作，不仅与社会的和谐稳定关系密切，更关联着高等教育的发展。相较于传统心理教育而言，积极心理学视角下的心理健康教育不仅符合国家对高等教育创新发展的要求，还能帮助青年大学生应对激烈的竞争。下面将提出积极心理学视角下的大学生心理健康教育对策，以便提升青年大学生群体的心理健康水平，为国家输送能力强、素质高、情绪稳定的时代新人。

第一节　积极心理学视角下的大学生心理健康教育的实践对策

心理健康教育是一项复杂的实践活动，需要高校的主导，家庭、社会的配合与大学生个人的努力。应以积极心理学为指导，以学校、家庭、社会以及大学生自我教育为途径，开展积极心理学视角下的大学生心理健康教育，通过内部因素与外部因素的共同影响，切实提高大学生心理健康水平。

一、遵循心理健康教育工作的原则

（一）正面引导的原则

需要积极、正面地引导学生，开发他们的各种内在潜力，培养积极的心理品质，增强心理的免疫力以及对不健康心理的抵抗力。在教育过程中，应该尽量去选择那些积极的主题。例如，不要把注意力全都放在悲观是如何形成的、悲观是如何引起抑郁的、怎样防止悲观等方面，而是把注意力调转到乐观的形成、乐观如何促进健康、如何学习乐观等方面。

（二）成功性的原则

成功对学生的发展具有很大的激励作用，一个人如果在大学时代能对自己的学习、工作满怀成功的信心，必将会为他将来从事的社会事业打下良好的心理基础。在个人发展的过程中，成功就其结果来说没有追逐的过程重要，不能只是为了成功而是重在体验到达到成功的那种快乐，即所谓获得成功的感觉。因此，学生心理健康教育一定要运用成功性原则，激发学生的积极品质与潜力，引导、帮助学生正确地面对失败，最终使大学生既能获得成功又能体验到成功所带来的快乐。

（三）情境模拟、参与活动的原则

在积极心理教育中，需要组织多元化的教育活动，并且能够让学生都参与到活动中去。教育所制定的要求只有在通过学生的体验，不断转化成学生内部需要或感受时，才可以实现。因此，平时在进行心理健康教育过程中，需要采取各种形式的教育活动或者设置各种情境，学生只有在活动、情境体验中感受到积极心理教育，才能提高心理健康教育的效能。

（四）团体训练的原则

积极心理教育的内容既包括学生咨询的问题、有心理问题的学生，又包括对学生心理潜能、心理品质的开发。因此，要采取能够涉及整个学生团体的教育方式，如团体辅导、讲座等，充分体现群体相互影响的力量，以达到资源共享，共同进步。

（五）评价多元化的原则

在积极心理教育中，为更好地促进学生发展，突出评价发展性的功能，需要评价的多元化。在评价的过程中，评价尺度的多元化可以对不同的学生采取不同的评价标准，这样既能使评价工作完成得更全面，又能使学生在努力后取得满意的效果。用多元化的评价方式来审视和评价心理健康教育，还能使学生正确认识自我，通过努力达到目标，同时还能发挥自身优势，为以后的发展进行科学合理的定位和设计。

二、发挥学校教育的主渠道作用

（一）加强师资队伍，提高心理健康教育师资队伍水平

师资队伍的建设对于高校心理咨询与教育工作的质量具有重要影响，但心理健康教育在我国起步较晚，师资建设在数量和质量方面都无法满足实际需求。加强师资建设，提高教师队伍整体素质是解决现实问题的关键。

首先，由高校主管部门研究制订高校师资培训方案，建立师资培训基地，并给予政策和经费支持。明确培训内容和考核办法，规范上岗资格认定工作，统一要求、统一管理，对在职辅导员、班主任、导师开展每年至少一次的心理健康教育专题培训，全面提高师资队伍水平。其次，关注教师的心理健康。教师的工作是培养人才，教师不仅需要掌握专业技能和方法，而且需要通过不断提高自身修养、调整自己心态来影响和教育学生。将教育者的心理健康纳入考核内容，既能提高教师队伍质量，又能加强教育者的心理保健意识。最后，高校要联合政府深化教育改革，加大对教育的投入，建立健全有效的竞争、激励机

制。维护教师的合法权益，改善教育工作者的福利待遇。通过各种措施提升教师的社会地位，营造尊师重教的社会氛围，使教师能够收获工作带来的成就感和幸福感，进而提升自我认同感与职业满意度，调动其工作积极性，吸收更多有志向从事心理健康工作的优秀人才加入队伍中。

（二）加强实践教学，增进大学生积极情感体验

心理学最新脑部研究表明，“真正决定人类智能的是情绪情感”①，而实践是获得情感体验、发展能力的有效途径。实践活动能够使大学生巩固和深化理论学习，扩大知识领域，是连接高校与社会、理论与实践、课堂与课外的桥梁与纽带。

高校要牢固树立实践育人思想，鼓励与组织大学生开展与专业学习紧密结合的社会实践，通过校企合作等途径为大学生提供实践基地，将理论教学与情境化的实践锻炼相结合。发挥大学生的个性和特长，加速大学生对知识的领悟与系统思维的提升，培养其自主能力、探索意识、创造才能和实践精神。促进大学生在活动中实现自我教育、自我管理与自我发展，提高社会适应能力。引导与鼓励大学生参与公益服务、勤工助学等有意义的活动，并以书面报告的形式汇报心得体会，使大学生了解国情、社情，全面客观地分析社会，从而自觉树立社会竞争意识和进取精神，促进思想与行为的互相强化，增进积极的情感体验，从而提升心理素质。

（三）创设挫折情境，提高大学生抗挫折能力

挫折情境教学是教师根据教学内容与教育目标，创设特定的挫折情境，引导大学生参与到情境之中。通过教育者的启发总结，使受教育者获得一定的情感体验与正确认识，并使这些认识、经验转化为指导大学生应对挫折的准则，从而实现提高大学生抗挫折能力的目标。挫折由挫折情境、个体对挫折的认知、个体对挫折的应对三个方面构成。挫折情境是认识与应对挫折的前提与基础，而认知是连接情境与反应的调节器。在同种情境中，不同的认识则会导致不同的应对方式。

人对挫折的反应通过学习和锻炼是可以提高的。首先，教师通过课堂讲授，使大学生系统了解科学的认识与应对挫折的理论知识。其次，教育者要创设挫折情境，在模拟情境中指导大学生正确认识挫折，对挫折进行合理归因，并且能用所学知识正确应对挫折，及时将理论知识运用到实践中。通过反复练习，培养大学生积极乐观的心态、坚毅的品质以及独立思考与解决问题的能力，使大学生能够以乐观自信的态度面对周围的人与事，真正提高心理承受能力与抗挫折能力。

（四）开展社团活动，塑造大学生积极心理品质

大学生社团是以共同爱好、特长、目标追求为基础，自愿组建的学生组织。丰富的社

---

① 朱翠英，胡义秋．大学生积极心理素质教育研究［M］．北京：人民出版社，2015.

团活动对于活跃大学生思想、增进交流具有积极的意义，是大学生的“第二课堂”。高校要有效发挥社团的积极作用。

首先，加强社团学生干部队伍建设。选拔一批心理与政治素质过硬、综合能力卓越的优秀大学生作为社团负责人，并对负责人进行定期的培训与考核，使他们成为教育者的得力帮手。其次，以社团活动为依托，将心理健康教育渗透其中。宣传心理卫生知识，介绍维护心理健康的新知识、新方法，使社团成为课堂教学的延伸和补充，促进社团活动与学校教学的良性互动，使大学生通过活动发展能力、操练品行，发挥社团教育人、凝聚人的作用。大学生社团类型丰富，不同类型的社团对于大学生能力的发展各有侧重。比如，公益服务类社团注重培养大学生的服务意识和奉献精神，技能类社团则以发展大学生的技能为重点。在社团负责人把握社团活动正确政治方向的前提下，提倡由社团成员共同商议、共同完成社团活动的策划、组织、开展与反馈，使社团成员在参与活动中能够发挥各自特长，培养团队意识，从而获得成就感与归属感。

三、发挥大学生主观能动性

人的根本特点在于能够通过自我调节去改善自己的心境，寻求最佳途径实现自己的目标。大学生心理困惑的解决、心理素质的优化与提高，是大学生挑战自我、超越自我的体现。因此，大学生要通过主体努力，增强自主维护心理健康的意识和能力。

（一）形成积极的自我认知，提高自我效能感

自我认识是人格的核心，是衡量人格是否成熟的标准，是一个人具有自信心的前提条件。心理学研究显示，“对自己的认知和评判越接近事实，其社会适应能力越强。而那些过分自卑或夸大自己的人，经常会倍感紧张和压力，容易产生心理问题”①。大学生可以通过各方面的反馈信息正确认识自己，客观地看待自身的优劣成败，扬长避短，形成良好的自我意识。

首先，通过社会比较策略正确认识自己。大学生可以通过自己与他人的比较，尤其是与自己条件相似的人进行比较来认识和评价自己。既要避免选择“比自己优秀的人”进行比较而产生自卑心理，也要避免和“不如自己的人”比较而产生自大心理。大学生也可以根据别人的评价进行自我认知。此外，大学生不仅要和他人进行比较，而且要将现在的自己与过去的自己作对比，通过总结反省来正确认识自己。

其次，积极悦纳自己。人在本质上只有特点，没有高低贵贱之分。大学生既要发挥自身的优点，使自己变得更加出色，也要诚实理智地看待自己的短处，因为正是这些短处，

① 樊富珉．大学生心理健康教育研究［M］．北京：清华大学出版社，2002.

才有发展、进步的空间。大学生在成长的道路上难免会遭遇失败，要冷静分析失败原因，自信、自强而不要自我否定，对失败作出恰当的归因，积极寻找解决办法，促进自我效能感的提高。

（二）建立和谐的人际关系，增强朋辈支持力

良好的人际关系是健全人格的体现，是人与社会联系的纽带。大学生的学习和生活都处于各种集体环境中，和谐的人际关系可以增强大学生的归属感，产生良好的情绪状态，形成积极健康的心理。和谐的人际关系也可以形成积极的朋辈支持。调查显示，当遇到心理问题时，多数大学生会优先选择向朋友倾诉、寻求帮助，如果能得到朋辈的支持，会提高他们的幸福感。

大学生要善于与他人交往，与他人保持友好的接触，将自己融入集体环境中。与他人交往时，要善于倾听，坚持真诚的原则，真心帮助他人而不求回报；能够向朋友提出诚恳的意见，既不奉承别人，也不诋毁他人；努力塑造自己的个人魅力，形成积极的“朋友圈”，增强个人的归属感与朋辈支持。当大学生陷入情绪困扰时，要充分利用良好的人际关系，积极争取亲人朋友的支持和帮助，消除不良情绪。同时，在别人遭遇困难时应该主动给予帮助，倾听朋友的烦恼，帮助寻找解决办法，既增进友谊又获得支持。

（三）确立合理的人生目标，增进主观幸福感

奋斗目标引导和激励着人的行为，为个人发展指明了前进的方向。理想自我的构建应该以坚固的现实条件为前提。罗杰斯指出，理想自我与现实自我相差越大，越容易产生适应不良；反之，理想自我和现实自我越接近，则心理健康水平越高。大学生要按照社会的需要和自身的实际情况（包括个人的知识、能力、经济状况等）确立合理的目标。

合理的目标必须具有明确性和可实现性。首先，要有明确的目标。明确的目标是实现目标的重要条件之一，包括目标的内容、完成期限、应该达到的标准等。具体明确的目标能够使大学生具有目标感，明确自己应该做什么，引导大学生朝着目标的方向努力。其次，要是能够实现的目标。合理的目标要难度适宜，通过努力可以实现，目标设置过高，不但难以实现，而且会因失败使人产生挫败感，降低自信心；目标过低会轻易实现，则降低了成功带来的幸福体验。因此，大学生要学会确立合理的人生目标，并通过刻苦努力实现目标，增加个人的成功体验，增进主观幸福感；在追求目标的过程中，使个人的需要得到满足，个人的价值得以实现，增强自我效能感，发展积极的心理品质。

（四）坚持适度的体育锻炼，锤炼坚强意志品质

身体素质是培养心理品质、提高心理机能、发挥心理潜能的基础。作为生长发育时期的大学生，加强体育锻炼、增强体质是精力充沛、情绪良好的有效方法。英国伟大的教育家约翰·洛克在《教育漫画》的开篇就强调了身体健康的重要意义，他认为健康的心理依

赖强健的身体，健康是一个人正常工作与幸福生活的前提。

体育锻炼需要身体和心理的双重投入，在锤炼大学生坚强的意志品质方面具有独特的优势。一些需要耐力的体育锻炼，如长跑、登山等需要坚强的意志才能完成。通过体育锻炼，大学生可以不断克服主观（如懒惰、胆怯等）和客观（如天气状况、环境等）困难，从而形成坚忍的意志品质。大学生面临即将到来的就业与升学压力，在生理和心理上产生了不同程度的紧张和疲劳。改善这一状况，除了采取心理方面的措施，进行体育锻炼、参加有益身心健康的体育活动也是必要的。专家指出，恰当的体育运动可以使身体产生一种多肽物质，它能令人精神愉悦、振奋，而这些积极的体验会促使人持续地进行体育锻炼，从而获得良好的心理效应。国际运动心理协会的报告曾指出，运动有助于减缓焦虑、压力，带来积极的情感效应。其他国家已有案例将体育锻炼运用到心理治疗当中。大学生要积极参加体育活动，在团队活动中体验合作的快乐、朋辈的认同，在体育竞技中体会成就感，形成积极的人格品质。

四、构建社会教育的支撑系统

积极心理学倡导营造积极的社会育人环境。人与周围环境具有相互作用，人在创造环境的同时，环境也影响着人。因此，有必要以社会为依托，发挥社会支持的积极作用。

（一）营造积极向上的社会道德风尚

社会风尚是一个国家、一个民族文明程度的象征，对于制约和调节社会成员的言行具有强大的精神感召作用。和谐美好的社会风气和精神环境使人精神舒畅，有助于提高国民素质及大学生心理健康水平。进步的时代需要向上的精神，发展的社会需要积极的风尚，用积极向上的社会道德风尚引导大学生健康成长、引领公民幸福生活。

首先，相关部门要做好宣传与教育工作，引导公众端正道德认知。充分发挥各类媒体在传播社会公德方面的重要作用。大力宣传先进典型，坚决批评不道德行为和错误观念，抑制腐败之风和不正之风，净化道德环境，使公德意识和公德价值理念得以弘扬和传播。其次，加强社区建设。社区组织要提倡居民文明健康的生活方式，鼓励与组织居民积极开展社区公益活动，定期开展孤寡病残等弱势群体的帮扶活动，增进社区居民间的沟通与交流，构建和谐互助的邻里关系，形成团结友爱、安定有序的社区环境。最后，公民要身体力行，树立社会公德观念，培养健康理性的公共意识。公共场所言行文明、爱护公共设施、自觉遵守公共秩序、人与自然和谐相处，全员参与社会道德风尚建设，营造积极向上的社会氛围。

（二）发挥媒体正向的舆论导向作用

舆论导向对大学生明辨是非具有重要引导作用。对此，大众传媒要做好时代的引领者。

一方面，要形成积极的社会舆论。大众传媒要增强社会责任感，树立正确的价值导向，坚持正面宣传为主的工作方针，将社会效益作为重要的工作准则。在重大问题、热点问题上，宣传者要始终保持冷静的头脑，严格把关、掌握尺度，形成积极正向的舆论环境，加强对好人好事的报道，宣传人性中的积极品质和优秀潜能，引导人们主动发掘闪光点，使社会“正能量”和积极精神在舆论的作用下得到广泛宣传，营造良好的舆论环境，成为大学生不断进取的精神动力。

另一方面，传媒要兼具娱乐性和教育功能。广播影视以及新闻出版等部门要根据大学生的需求，利用大学生喜爱的栏目宣传健康向上的精神文化作品。用社会主义核心价值观和中华民族优秀文化滋养大学生心灵，培养大学生高尚的道德取向和高雅的审美心理。同时，大众媒体可以利用自身的平台优势，开展一些有针对性的教育节目和专栏，帮助受众排除心理障碍、排解心理压力、消解不良情绪，引导他们合理地表达情绪、追求幸福。

（三）培育理性积极的社会心态

理性积极的社会心态是社会进步的表现，也是构建美丽中国的重要保障。我国正处于改革发展的关键期，利益格局的调整、社会结构的变化，使社会出现了急功近利、心浮气躁等不良社会心态，不利于大学生的健康发展。因此，有必要培养社会成员理性积极的心态，发挥健康心理在调解各种矛盾中的重要作用，引导公民正确处理各种利益关系，理性合法地表达人们的利益诉求、解决各种利益冲突，为大学生的健康发展创造和谐安定的外部环境。

一方面，要提高社会成员的法律意识，避免情绪化的思维和简单粗暴的行为方式，减少社会负面事件的发生，增加社会发展的和谐因素。另一方面，要积极开展社会成员的心理和谐建设，建立健全的民意诉求、危机干预、矛盾调解与权益保障机制。对贫困、残疾等弱势群体，给予切实帮助。在民生改善、政策倾斜、社会保障等环节建立良性机制，构建一个公平的竞争环境，使公民通过自己的努力都有成功的机会。同时，利用电视、刊物、互联网等渠道宣传与普及心理健康相关知识，指导社会成员做好自身的心理保健，培养国民理性平和的社会心态，营造健康向上的心理环境。

五、注重家庭教育的影响力

家庭是孩子幸福人生的起点，是学校继续教育的基础。家庭教育作用发挥得是否得当，将影响到高校教育的实际效果。

（一）学习心理健康教育相关知识

父母承担着对子女进行抚养和教育的重要责任。父母的教育活动可以对子女形成正向的引导，也可能在无意识间产生负面影响。教育不只是针对孩子，父母也需要通过学习来提高和完善自身，习得教养子女和经营家庭的知识和技能，掌握心理健康教育的策略，从而更好地调整自己的言行，在夫妻之间、亲子之间搭建交流互动的桥梁，对孩子产生积极影响，进行科学的家庭教育。

大学生的心理特征主要包括两个方面，一方面是大学生群体具有的普遍性心理特征，另一方面是不同大学生个体由于独特的先天特点和生活环境而具有的心理特殊性。因此，父母要通过学习掌握大学生子女心理发展的特点与规律，尊重他们发展的普遍性与特殊性，在此基础上对子女实施教育引导。善于观察孩子的神情、言语等特点，正确把握子女的心理状态，从而根据子女的实际情况，灵活选择和运用心理健康教育方法，进行有针对性的教育。家长不仅要学会运用所学知识及时发现孩子的心理问题，并且能用正确的方法对他们进行心理调适，引导他们克服成长中的困惑与烦恼，陪伴他们健康成长。

（二）营造温馨的家庭教育氛围

民主、温馨的教育氛围是子女健康成长的必要条件，也是实施科学家庭教育的保证。父母既要做孩子的人生导师与引路人，也要做平等交流的朋友知己，营造和谐的家庭氛围。

一方面，倡导民主型的教育方式。家庭教育要坚持民主、平等的原则，给子女更多机会展示自己。把孩子看成有自己独立思想情感、内心体验和自主性的个体，尊重他们的人格；就事论事地指出孩子的缺点，并指导他们加以改正，而不要用讽刺的言语打击他们；帮助子女恰当地表达积极的情绪，排解不良情绪，维持积极健康的心理状态；在适当的情景下，要多表扬和鼓励孩子，帮助他们增强信心，创造民主平等、和谐融洽的气氛。另一方面，融入情感教育。良好的家庭成员关系为子女涵养美德、陶冶情操提供心理港湾，是子女心理健康发展的土壤。父母要做到“寓爱于教、寓情于教”，使整个家庭教育充满情感张力；有意识地向子女传递爱和幸福的感觉，培养积极的情绪，传达健康的情感，使子女在充满爱的家庭中汲取成长的力量。此外，父母在教育子女之前，尝试了解并理解孩子的理想、兴趣、需要等，进而在教育中满足子女的合理需要，激发他们的创造力。

（三）建立积极的亲子关系

积极的亲子关系不仅能够营造和谐、宽松的心理环境，满足大学生的各种心理需要，而且有助于维护家庭的稳定与和谐。现实生活中，由于生活习惯的不同、年龄的差异等，亲子关系会面临不同的问题与挑战。父母要适当地调整教育态度与方法，形成健康积极的亲子关系。

首先，树立正确的亲子观。在一些家庭中，家长习惯以权威的姿态与子女相处。然而，权威型的亲子关系不但不利于父母与孩子的交往，反而会导致亲子矛盾。大学生子女在年龄上是成年人，但他们的生活方式与思维方式与成人有一定的差别。他们的个人意识与独立意识强烈，希望获得父母的认同与理解。父母要以平等的理念同子女相处，放手让孩子独立交往、活动，培养其独立意识与行动能力。每一个子女都是独立存在的个体，家长需要观察和领会子女的行为模式和兴趣意愿，从而更好地进行教育。

其次，加强亲子之间的沟通交流。父母要时常与孩子交流，给他们自由表达自己想法的权利，尊重他们的意见和建议，与孩子建立一种信任关系。父母在教育过程中，可以尝试将自己放置在与子女共同探索世界的同辈朋友的角色位置上，与子女共同感悟外部世界，与子女获得共同的成长。父母与子女只有达到心灵与情感的沟通，成为精神上的伙伴，子女才能信任父母，愿意将自己的心事向父母倾诉，父母才能及时发现并解决子女成长中的问题。亲子之间互相体谅与关爱，形成双向互动的、和谐的亲子关系，有利于子女身心的健康成长。

第二节　积极心理学视角下的大学生心理健康教育“校院两级”体系构建

一、“校院两级”心理健康教育体系框架概述

积极心理健康教育以“积极”为核心，以积极的方法培养积极的品德，以积极的思想开发积极的潜能，以积极的环境提供积极的感受，以积极的回馈强化积极的结果，以积极的心态创造积极的一生。鉴于当前高校心理健康教育的情况与存在的问题，应以积极心理学理念为基础，创建全新的“校院两级”心理健康教育体系，如图5-1所示。

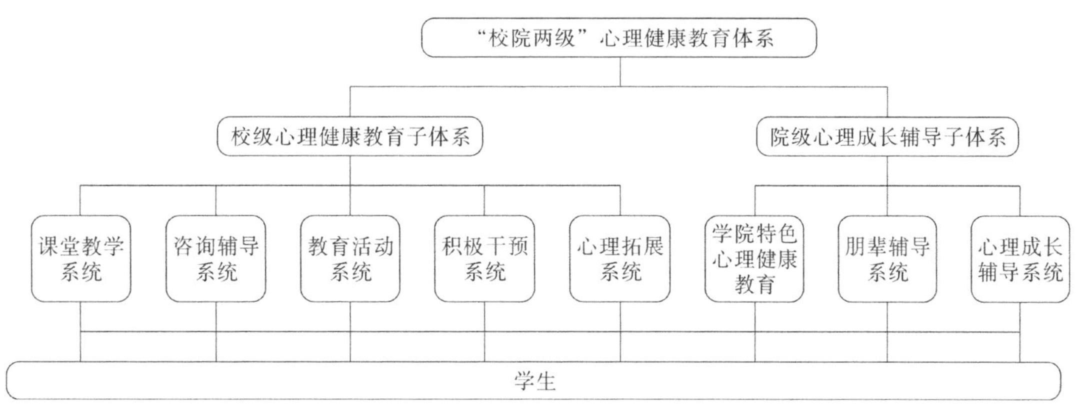

图5-1　“校院两级”心理健康教育体系

“校院两级”心理健康教育体系由校级心理健康教育子体系和院级心理成长辅导子体系组成。在实践中，校级心理健康教育子体系和院级心理成长辅导子体系在空间上相互独立、各自运行，但二者在功能上、在工作运行中相互依存、相互作用、相互补充，共同构成一个完整的校院两级心理健康教育体系。

（一）校级心理健康教育子体系

校级心理健康教育子体系以积极心理学观念与理论为指导，从课堂教学、咨询、活动以及干预系统等方面入手，构建全新的课堂教学系统、咨询辅导系统、教育活动系统以及积极干预系统，最终达到提高广大学生心理素质的目的。

1. 课堂教学系统

以积极心理理念为引导，加强课堂教学系统建设，丰富课堂内容、改进教学方法、优化教学评价，不断地提高高校心理健康教育的实效性和知识普及的覆盖面。积极心理学引导下的课堂教学系统强调高校心理健康教育课堂教学的主渠道作用，主渠道作用的发挥离不开相应课程体系的建设，因此要根据个体需要来建立和完善相应的课程体系，除开设必修课程以外，还要设立系列选修课，让学生个体可以根据自身的情况选择自己需要的课程，从而做到真正地学以致用，此外也调动了其上课的积极性。在大学生积极心理健康教育的新课程体系构建中，要坚持“少而精”的原则，对过于繁重的课程进行压缩，更加强调理论联系实际的重要性，让课程更加贴近学生个体的身心成长，提高学生个体发现问题和解决问题的能力，从而在整个课程教授的过程中增进积极体验，感受其所带来的幸福感和满足感。丰富课堂内容主要在课程类别和教学目标、课程安排和教材运用、教学管理和条件基础、教学方式和教学手段、组织开展和教学评测等方面做文章，选择高质量的经典教材，满足心理健康教育课程所需的优秀教材资源，构建涵盖范围广的心理健康教育课程体系。教学方法上要改变传统观念，以学生为主体，充分调动学生的积极性和主动性，充分发挥课堂对学生个体的作用，让学生个体感受到课堂不仅仅可以给我们带来知识，还有积极心理素质的提高。在教育评价方面，采取“双极评价模式”，由教师和学生共同参与到评价当中，促进课堂教学体系的完善，开发和培养学生的积极心理品质。

此外，要转变传统观念，将高校心理健康教育课程的关注点放在学生个体心理的积极层面，主要包括个体潜能的挖掘、积极情绪和情感体验的增进以及个体积极品质的培养和开发，具体来讲主要有心理健康概述、积极适应、良好的自我意识、情商与快乐之源、积极的人际交往、生涯规划等，把增进学生的主观幸福感作为主要目标之一；作为教师也要通过创造各种行为问题的情境模拟和再现，运用积极策略吸引学生注意力，从而让学生个体在课堂上提高应对各种事件的能力，增进积极体验，把注意力从关注问题转移到培养积极自我上来，从而帮助学生树立理性、积极的心理观念，促进其健康成长。

2. 咨询辅导系统

在学生的成长过程中，促进学生个体自我成长的手段和途径有很多，心理咨询辅导就是帮助大学生实现自我成长的重要手段之一。受积极心理学的影响，在对个体的心理咨询和辅导过程中融入人本主义心理学和积极心理学的相关理论知识和技术，整个过程以积极心理学为导向，建立真诚、信任的积极“咨访关系”，让来访者在这个过程中能够增进积极体验，发挥自身优势，挖掘个体潜能，最终达到促进其积极品质形成和发展的目标。在日常的咨询辅导中，我们会发现不少案例并不适合做咨询辅导。当遇到不适应咨询的危急个案的时候，我们需要做的就是及时转介。在这个过程中要把握好时机，从而减少误诊的时间，也通过及时的转介为学生个体的发展性咨询和障碍性治疗赢得最佳时机，减少不幸事件的发生。在积极心理学理念的引导下，建立以学校心理咨询室等咨询专门机构为阵地、以专业的心理咨询教师的积极心理咨询和积极心理辅导工作为主体的心理咨询和辅导系统，让广大学生个体的心理健康得到维护、不断地挖掘学生自身的心理潜能，辅导大学生掌握适应环境变化挑战以及如何应对心理问题的方法，为大学生成长和发展提供帮助。

3. 教育活动系统

在高校心理健康教育工作开展过程中，日常宣传活动是整个活动的重要环节，因此，高校心理健康教育的日常宣传活动要融入积极心理健康教育的新观念，以创造积极和谐校园氛围为导向，让更多的人能够参与到积极心理健康教育中来，通过社会、家庭、校园、院系、班级、宿舍所营造的氛围尽可能地让所有在校学生受到熏陶。整个活动过程中需要做到以下几个方面：一是明确积极性质的活动主题，贴近时代和学生生活及年龄特征，呈现积极心理健康教育的主旨，使大学生从活动主题中就能感受到快乐和幸福；二是以积极心理理念为引导，学校学生心理健康教育中心充分发挥校学生会、校心理协会和学院等组织的作用，以“面向全体学生，重在发展心理健康教育”为宗旨，开展一系列主题活动，并通过网络、广播、电视、校刊等多种媒介，利用微博、博客、微信、手机报等新兴媒体，拓展教育传播渠道，营造心理健康教育氛围，形成集多个组织、多个主题、多个渠道、多种形式的积极心理教育活动系统。

4. 积极干预系统

在积极心理学理论的引导下，建设以高校心理健康教育专职教师为主体，学生工作干部为支撑，校医院医务人员、专业教师、保卫后勤干部职工等为补充的大学生心理危机积极干预系统。要充分发挥心理健康教育专职教师心理咨询和心理辅导的专业干预的作用，全面调动人员的积极性、主动性，运用积极心理学知识，不断地加强大学生心理健康状况的普查以及心理危机的排查工作，进一步完善心理危机干预工作预案，建立心理危机转介机制，增强大学生心理危机预防教育、心理危机信息预警、心理危机应急干预、心理危机预后跟踪等积极干预的针对性、实效性。

5. 心理拓展系统

所谓心理拓展训练主要是运用心理学、教育学以及组织行为学等相关知识，就学生个体自身的发展特点和当前社会需要所设计出的体验式活动方案，也是体验式学习的一种。

心理拓展训练的宗旨就是通过模拟某些场景或者利用自然环境，让学生个体积极参与到设计好的项目和活动中去，让自身的潜力得到开发，团队凝聚力得到提高，并让学生个体就整个活动过程进行反思和回顾，与其他成员交流经验，不断加深对自我和团队合作的认识，最终达到把活动中的积极体验和认知迁移到生活中的目标。心理拓展训练抓住学生个体的特性，通过活动使个体自身的体验和感受力加强，不断增强学生的自信心，培养团队合作与竞争意识，增进个体间的沟通和交流，从而促进人际关系的改善，营造良好的学习、生活氛围，使学生在整个体验过程中掌握技巧，提高学习能力，为顺利完成学业打下基础。就目前状况来看，高校组织的心理拓展训练受到了广大学生的欢迎。由此可见，心理拓展训练不仅是高校开展心理健康教育工作的有效途径，也是学生个体增进积极情感体验和情绪体验、培养积极品质的重要平台。

（二）院级心理健康教育子体系

院级心理健康教育子体系以积极心理学观念与理论为指导，充分发挥学生的自我教育作用，构建学院特色心理健康教育、朋辈辅导系统和心理成长辅导系统。

1. 学院特色心理健康教育

强化学院教育主体，在学校的引导下将积极心理学融入学院心理健康教育当中，形成学院独有的教育特色。以长沙理工大学为例，16 个学院各自根据不同学科、不同专业、不同年级学生的特点形成学院各自的心理健康教育特色。例如，文法学院心理健康教育工作在学院领导下，配有专职心理辅导员、年级辅导员以及班主任，各班级设置心理委员，寝室设有信息员以及心理健康教育志愿者等，从领导到教师再到学生，全员开展心理健康教育工作。学院以积极人文为引领，紧贴“人文”特点，形成了“以文为本，心灵关怀”的文化理念，开展了一系列有创意有特色的心理健康教育活动，形成自己的特色品牌，如学生阳光心理协会，创办了自己的特色报纸《此岸阳光》，普及心理健康知识；以提升学生积极情感体验——主观幸福感为目标，开展具有学院特色的积极心理素质教育活动，有效提高了学生心理素质。

2. 朋辈辅导系统

充分发挥学生在心理健康教育工作中自我教育的作用，加强朋辈辅导员队伍的建设与培养，在学院学生会设心理健康教育工作部，学院成立心理协会，班级设心理委员，寝室设信息员，形成以学院学生会心理健康教育工作部干部、学院心理协会会员、班级心理委员、寝室信息员为主力军的学生自我辅导、自我教育的朋辈辅导系统。这些朋辈辅导员从学生中选拔出来，可以深入地了解所在学院、年级以及班级和寝室同学的情况，在心理健康教育工作中，既提高了自身心理素质，发掘了学生自我的积极品质，也发挥了大学生自我教育的作用，又降低了心理健康教育对象和教育者之间出现关系矛盾的概率。

3. 心理成长辅导系统

在每个学院设立15平方米以上面积不等的心理成长辅导室，建设以心理成长辅导室为平台，学院心理辅导员为主体，学院领导、其他学生辅导员、专业教师、关心下一代工作委员会的老同志为辅助的心理成长辅导系统，这是院级心理成长辅导子体系的组成部分。心理成长辅导严格贯彻积极的理念，融“温馨、体贴、释怀”为一体，在一种平等融洽的氛围发掘潜力，促进其主动交流和沟通，真正地让学生感受到积极成长带来的幸福感与快乐感，不断促进积极品质的培养。目前，学院心理成长辅导室不仅仅是学院心理辅导员等教师与学生进行心理辅导、学业探讨、心灵沟通与交流的重要场所，还是学院和学生个体的思想教育、日常管理有机结合的场所。在学生日常管理与思想教育中，渗透心理成长辅导，在学生成长成才的关键期，如考试前后、考研前后、学籍和违纪处理前后、发生重大生活事件时，开展积极心理辅导，及时了解学生心理动态，帮助他们妥善解决心理冲突，提高其遇到突发事件的应对能力，促进学生个体个性的发展和人格的完善。

二、“校院两级”心理健康教育体系构建原则

在积极心理学理论的引导下构建新的高校心理健康教育体系在遵循基础准则以外，还有着自身的一系列原则，主要体现在以下几个方面。

（一）更新观念原则

传统的心理健康教育一直关注学生的心理问题，并没有重视大学生积极心理品质的培养和积极潜能的开发。在积极心理教育体系的构建中，应从正面引导大学生关注积极力量，开发各种潜力，增进积极情感和情绪体验，提高面对挫折的抵抗力，增强心理免疫力，逐渐关注学生个体积极心理品质的培养和开发。具体来讲，可以通过提高自我认知能力、调适能力以及意志力的培养等方面入手，从而充分发挥学生个体的主观能动性，而不再是关注学生个体的问题，进而找到解决问题的途径和方法就万事大吉，应该让学生真正地学会自我分析、自我管理，不断对自身有充分的认识和了解，进而形成良性的自我评价，从而让自身保持积极、乐观的生活态度和心理状态，从而达到提高个体心理素质的目标。

（二）兼顾公平原则

积极心理健康教育关注的是全体大学生积极心理品质的培养和学生个体心理潜能的开发，而不仅仅停留在学生的问题和“问题学生”这两个点上，要以能够扩大涉及更广大学生群体的教育方式为主导，充分发挥群体互动力量的作用，真正地做到资源共享，传播幸福感，最终达到所有个体的共同进步。大学生作为个体在校园里具有公平地接受教育的权利，因此要兼顾公平，关心每一位学生的成长，在全体大学生中进行心理健康教育，不是

仅仅关注所谓的"问题学生"，更是要关注全体普通大学生的心理健康，从日常生活、学习、管理等方面入手，普及积极心理学健康知识，灌输积极品质和思想，从而提高全体大学生的心理素质。

（三）因材施教原则

目前大学生中的特殊群体主要包括肢体残疾的大学生、有生理或心理缺陷的大学生、贫困生、学业困难学生等。在日常生活和学习中，在这些特殊群体的学生中有着较多共同的负性人格因素，比如内向、孤僻、焦虑、自卑、敏感、多疑等。也正因为这些负性人格的存在，他们在通往和谐人格构建的道路上充满了挫折和障碍。要对特殊群体的学生采取不同的教育方式，对于大学生中的特殊群体而言，关注其内心的完善和发展具有非常特殊的意义。要了解其内心深处，找到其最需要最重视的外界支持，从而使特殊群体的学生也可以同普通学生一样有着美好的大学生活。因此，在积极心理学上要因人而异，更要关注特殊群体内心的发展和完善。

（四）注重发展原则

为了更好地促进学生自身的完善和发展，以积极心理学为指导的高校心理健康教育需要更加突出评价的发展性功能，在整个评价过程中坚持多元化评价的原则。众所周知，学生个体自身有着不同的性格和生活环境，因此要对不同的学生通过利用不同的评价标准来进行评价，从而让每个学生都可以看到通过自身努力所得到的进步，让其发现在自我努力的基础上取得的结果。通过采用多元智能理念审视、武装评价大学生，可以使学生个体能够正确地认识自己、看待自己，让学生个体不断通过自身的努力达到自己理想中的目标，促进学生学会发挥优势，为自己的发展作出科学的定位和规划，从而使学生个体的大学生活不再茫然和无助，提高大学生的适应能力，促进其完善发展。

三、"校院两级"心理健康教育体系构建对策

积极心理健康教育体系的构建和运行需要多个方面的配合和努力，无论是个体、家庭还是学校、社会都需要为之努力作出一系列的工作，都要努力使自身的资源和优势得到充分发挥，在积极心理学的引导下努力体现人文关怀，引导学生个体自身潜力的不断挖掘，充分发挥学生个体的才能，激发其青春活力，鼓励他们不断培养积极品质，通过自身努力改变周围环境，学会健康、快乐地成长，促进其人格的完善和发展。

（一）个体努力，深入挖掘自身才能

积极心理健康教育体系的正常运行离不开个体自身的成长和努力，要努力挖掘学生个体的潜能，开发其自身优势，提高其自我教育的能力。自我教育离不开自身的发展和外在环境的影响，个体的自身发展是内因，学校及外在环境的教育都要通过内化而逐渐成为自

身素质的一部分。个体人格的形成除了先天遗传因素外，还受到外在行为与社会环境的强烈影响。因此，必要的自我教育可以建构积极的人格，这些都可以通过良好行为的培养和积极社会环境的营造来实现。自我教育能力的提高对学生发展有着积极的作用，可促进学生个体的成长，因此要充分发挥学生的主观能动性，提高自我认知的能力，促进学生个体能够正确地认识自己、接纳自己。同时也不能忽视学生意志力和自控能力的培养和提高，应引导学生努力克服学习上的一切困难和挫折，加强自控能力的培养，从而增强个人的适应能力。还要不断增强学生个体的自我调适能力，使其逐渐学会从容地面对生活中的压力，掌握应对压力的技能，进而学会自我分析、自我管理和自我评价，在实际生活中能够最大限度地去挖掘自身的潜能，有效地调节自己的情绪，保持积极乐观的生活态度和心理状态，从而促进自身的完善和发展。

（二）家庭支持，着力创造温馨环境

家庭对孩子的成长有着至关重要的作用，对其心理的完善和发展的作用更不可小觑，特别是在童年期和青春期，家庭中的成员在学生个体个性和社会性成长中扮演着十分重要的角色。不言而喻，家长的定位也显得特别的重要，家长对于孩子而言不仅仅是长辈，还是良师益友，家长在明确自己定位的同时也要了解自身的责任，在整个家庭中父母的言行对孩子心理的发展有着重要影响。因此，家长需要转变观念，改变以往只看重成绩的错误观念，树立注重孩子各方面成长的正确观念，加强孩子优良品质的培养和人格的完善，让孩子养成良好的生活习惯和积极的生活态度，在面对成功和失败的时候都可以冷静地对待，不能患得患失，养成“条件不足畏，命运不足信，得失不足计”的良好生活习惯和态度，鼓励孩子积极参与各种社会活动，在活动中学会结交新朋友，不断培养其人际交往能力和语言沟通能力。还要培养孩子的吃苦精神，让其在日常生活中得到磨炼和成长，提高耐挫力和自身的韧性，从而学会做生活中的强者。家长也要加强同学校的沟通和联系，及时掌握孩子在学校的表现以及心理状态的变化起伏，关注孩子的内心成长，重视孩子的积极人格的塑造，不断地培养孩子的积极品质和增进积极体验。另外，家长更要学会信任和接纳，对子女保持高度的信任和接纳，营造平等、温馨、和谐的家庭氛围，让孩子产生归属感和积极依恋，不断增进家庭成员间的凝聚力，让家庭成为孩子健康成长的精神支柱和坚强后盾。

（三）学校配合，努力构建和谐校园

校园环境对学生个体积极心理品质的培养所发挥的作用是不可忽视的，因此要努力为学生个体创造积极温馨的校园环境。

校园环境主要由课堂环境、课外活动、校园人文氛围等组成，其中课堂环境是校园环境至关重要的组成部分，也是积极健康教育体系的重要组成部分，课堂环境为知识的传授

提供主要的舞台和载体。教师要转变传统的权威以及指挥官的角色，学会从学生的角度去看待问题和解决问题，对学生有进一步的了解和认识，尊重其个体差异和独特体验，真正地做到真诚、尊重、平等和共情，进而营造出真诚、和谐、尊重以及接纳的课堂氛围，不断地满足学生的安全感，督促学生个体积极参与到课堂互动上来。另外，对教师而言，他们承载着“传道授业解惑”的历史使命，教师的行为举止对学生有着潜移默化的作用。因此，一位教师是否拥有积极的心态、优良的品质和崇高的职业信仰对于学生的成长有着重要的意义。高校要主动了解教师的心理需求，改善工作环境，让其归属感得到满足，从而稳定教师队伍，将积极心理学的因素注入教师的心理健康教育中，充分发挥和挖掘教师的积极力量。教师自身要学会自我调节，主动改善自身的不良环境，不断地提升自我，无论是在专业知识还是教学技能上都要不断提升，丰富自身内涵，掌握和运用现代化的教学方法和手段，全面提高教学水平。在对待学生方面，教师更要树立新的学生观，给学生客观、公正的评价，重视学生的自我成长并要以积极的心态看待发展学生的成长。

校园活动和文化氛围也是促进学生自身积极品质培养的重要因素，学生个体可以通过校园的各种活动增加自身的情感和情绪体验，更能够通过校园的文化氛围促进积极人格的培养。无论是课堂、教室还是校园的文化氛围都应从积极角度出发，营造温馨的校园环境，从而加速积极心理健康教育体系的构建。

（四）社会整合，充分发挥教育功能

社会是一个整体，对个体的成长和发展有着全方位的影响，积极心理健康教育体系的构建离不开社会的教育功能的充分发挥。社会对学生个体积极心理养成的促进作用主要体现在两个方面：一方面给学生个体提供良好的外部环境，从而给学生提供良性的支持系统；另一方面增强学生个体积极品质和积极情绪的培养，从而促进其自身的发展。从建设和谐社会的角度出发，积极和谐的人生观是促进个体心理成长的基础，如何创造积极和谐的社会氛围是我们所必须考虑的。诚然，如何给学生个体提供良好的外部环境、如何促进外在社会环境的改变并不是单靠教育者就能够顺利解决的，也是需要全社会共同努力的，无论是政府部门还是其他社会组织和社会机构都应该充分发挥其功能或作用，通过积极信念的树立和传播给学生个体提供培养积极品质的土壤。例如，社会博物馆、图书馆都可以运用其自身优势，给学生提供优越的知识资源和积极向上的文化氛围，从而让学生个体能够在其引导下促进自身的完善和发展。其他社会组织如心理健康咨询机构、街道居委会以及其他社区的热心人和志愿者及服务队等，都可以充分利用并深入挖掘社区的资源，建设社会雅致文化和校外心理健康教育基地，净化社会环境，充分发挥社会高雅文化的辐射作用。政府要根据大学生目前的心理状况和发展趋势制定有关政策、措施和制度，引导社会各方面为学生个体的成长提供积极力量，形成全社会辅导学生的新局面。同时，要始终坚

持社会主义核心价值体系对大学生成长的引领作用，教育和引导学生个体成为社会主义核心价值体系的深入学习者、坚定信仰者、积极传播者和模范践行者，自觉走在社会的最前端。

引导和帮助大学生构建良好的社会支持系统，可以有效地预防和减少大学生心理问题的产生，因此，要构建大学生积极心理的支持体系，使大学生出现问题的时候能够找到依靠和支持，避免极端问题的出现。同时这也对个体自信和自尊的发展起着重要的支持作用，能够帮助个体迅速适应各种环境，增强应变能力，学会更好地与人交往，不断地增加积极的人际交往体验，进而使自身适应社会的自信心和能力都得到提高。

四、“校院两级”心理健康教育体系的运行机制

（一）以完善自我教育为目标的引导机制

“积极心理健康教育体系的运行需要完善大学生的自我教育，构建以自我教育为目标的引导机制。所谓自我教育既是自我认识、自我要求、自我调控、自我评价组成的开放性的动态过程，又是将他人教育即社会教育、家庭教育、学校教育内化为受教育者自觉自主的实践行为的过程。”① 自我教育对学生个体的成长有着重要影响，其在环境和其他教育条件下发展而来，一旦形成，对学生个体有着积极的作用。因此，要充分发挥学生个体的主观能动性，引导其学会自我分析、自我管理和自我评价，让自身的潜能在学习和生活中能够得到最大限度的挖掘，自己的情绪得到有效的调节，使自己保持乐观积极的心理状态。因此，通过外在引导逐渐使学生个体的态度、思想以及动机等得到不断的改变，这样也更加有利于大学生自我教育的积极性和主动性的提高，也促进了大学生自我意识不断地完善和发展。以完善大学生自我教育为目标的引导机制对高校心理健康教育积极体系的构建和运行有着重要作用。

（二）以塑造积极人格为动力的培养机制

基于积极心理学的“校院两级”高校心理健康教育体系的运行需要以塑造学生个体的积极人格为动力。积极人格的塑造和培养是一个行为发展过程，也是一个心理体验过程，因此，增加学生个体的积极体验是塑造学生个体积极人格的重要途径，也是“校院两级”心理健康教育体系必须具备的创新培养机制。实际上，心理健康教育也是一种情感情绪体验的过程，整个过程特别注重情感和情绪对学生个体自身发展的作用。学生个体的体验和感受是主观的、自我的、直接的，也是旁人没有办法替代的，正是这些体验和感受让学生个体可以主动探究自我内心世界，在探究过程中发现问题、解决问题，进而不断地增强个

---

① 联合国教科文组织国际教育发展委员会．学会生存——教育世界的今天和明天［M］．华东师范大学比较教育研究所，译．北京：教育科学出版社，1989.

人抵抗挫折的能力。以塑造学生积极人格为动力的培养机制可以让学生积极主动地关心自己的心理发展，加强学生在心理健康教育工作中的参与和体验，更加注重心理健康教育过程中的情境性、互动性和体验性，让学生个体能够对自己的心理发展有着充分的认识和了解，不断地获得相应的情绪、情感体验，从而形成积极的人格品质，促进学生个体的健康成长。

（三）以二维评价为引导的成效评价机制

由于评价是心理健康教育的一个重要导向，因此在积极心理健康教育体系的构建中强有力的成效评价机制很明显成为促进高校心理健康教育工作有序进行的有效手段。在积极心理学的引导下高校心理健康教育体系采取的是二维评价模式：一方面从积极心理品质出发，加强对积极心理品质以及正向情绪的关注；另一方面，加强对负向情绪的关注，从而对心理疾病及时地作出有效的诊断。无论是积极向上的正向情绪和行为，还是焦虑等负向的情绪和行为都要通过诊断，通过平时的形成性评价，给学生以及时有效的反馈和强化。此外，也可以通过监控、调整心理健康教育的过程，让学生个体自觉地调整自身的发展方向。目前来言，基于积极心理学的健康教育成效评价主要从积极的情绪体验、积极品质的发展、对心理问题的积极预防等方面入手，从而对个体进行成效性评价，促进个体人格的完善和发展。

（四）以强大外部支持为基础的保障机制

积极心理健康教育体系的运行更要以强大的外部支持作为保障。众所周知，高校心理健康教育工作是一项系统工程，它的顺利开展离不开高校其他部门的积极配合。心理活动是不可能孤立存在的，在其开展的过程中人人都可以成为教育者，也都需要通过教育来实现自身的不断成长，只有每一个成员都充分发挥自身积极的潜能，才会让丰富的资源得到最有效的开发和利用，才可以进一步完善高校心理健康教育系统，让心理健康教育的功能得到充分发挥。因此，心理健康教育与高校其他部门应当是一个有机的整体，不能把它们脱离或对立、孤立起来。积极心理健康教育体系的运行离不开各部门的配合和衔接，我们应当以一种更加宽泛的视野去看待高校心理健康教育，从而充分挖掘学校心理健康教育的资源，利用这些资源给积极心理健康教育体系提供强大的后盾和保障，最终达到促进积极心理健康教育体系在“校”与“院”都可以顺利地开展和运行的目的。

第三节　积极心理学视角下的大学生心理健康教育实效性提升对策

积极心理学理论下的心理健康教育对大学生的思想引导、价值引领、人格塑造以及高素质人才的培养全过程有重要影响，高校应该提高开展心理健康教育的战略思维，积极谋划开展心理健康教育的新布局，推动心理健康教育工作的全方位全过程开展；心理健康教育工作者要在具体工作实践中，创新工作思路、工作方法，不断提升心理健康教育在大学生成长成才过程中的实效，助力高校立德树人目标的实现。

一、创建大学生心理健康教育全员协作机制

（一）加强学校宏观调控

在心理健康教育工作实施中，通过加强队伍建设、健全学生培养方案、创新心理健康课程建设、优化校园文化育人环境，营造良好的心理健康教育氛围。

1. 完善学生培养方案

学校应该将心理健康教育相关课程以“公共必修课”的身份，纳入学生培养方案，核定学分，保证每一名大学生在校期间接受到心理健康教育。例如，在高校心理健康教育课程开设中，针对本专业以外的学生，心理健康教育课程是通过选修课的形式来开设，而且此类选修课的教学目标比较单一，不包含学生的情感和场景的深化和体验。学生自主选课，而且限制选修课学分上限，导致很大一部分学生在整个大学期间没有接受过系统的、全面的、长期的心理健康教育课程的学习和培养。因此，高校应从教学管理层面抓起，注重心理健康教育课程的开设、授课主体的需求，重视大学生心理健康教育课程和学生心理素质培育之间不可间断的紧密联系。

2. 加强心理健康教育工作队伍建设

要保证数量上足够满足当前需求。部分高校依然存在师生比例不达标、师资力量不够的情况，队伍成分较为复杂，有专兼职、编制内外、校内校外应聘教师，大部分教师具有“双重身份”，专业教师兼职担任心理咨询师，学院辅导员兼职担任心理健康工作站负责人等。“双重身份”虽然解决高校工作任务分配和数量问题，但是心理咨询和心理工作站方面欠缺专业性，难以高质量实现心理健康教育的育人效果。提高队伍工作成效，也要重视心理健康教育队伍的职业规划与发展，在提拔任用、职称评定上给予心理健康教育工作人员相应的政策倾斜，激发队伍活力、调动他们的工作积极性，提高他们的工作参与度和认可度，保证这支队伍能够永葆活力、后继有人。

3. 优化心理健康教育理论课程建设

开设心理健康教育课程是改善大学生心理素质现状的需要①。心理健康教育课堂教学是高校心理健康教育实践的主要途径，是涉及面最广、接受度最高、同等条件下知识普及面最大的心理健康教育方法。优化理论课建设需要从课程本身和课程教师两个方面入手。课程就是课堂教学、课外学习和自学活动的内容纲要和目标体系，是教学和学生各种学习活动的总体规划及其过程。现在的高校教学仍保持着传统的教学模式，在心理健康教育理论课程中，“传授式”教学无法启动学生的兴趣，无法实现学生的体验感。因此，理论课程除了专业性的知识普及，更要注重选择适应的教育方法和工具，明确教学目标，以课堂效率和学生的接受度为前提，在教育教学过程中通过多种教学方式，引发学生心理意识的潜能。心理健康教育理论课程建设形式要多样化、课程内容要丰富化、课程载体要标准化、课程目标要具体化。优化理论课程的同时要整合优秀师资队伍。授课教师的水准是衡量课堂教学水平的第一要素，要重视心理健康教育理论课专业教师的专业性，需要具备合理的、全面的、扎实的专业知识功底，教学方法上要有强硬的科学性和技术性。

4. 提升校园文化育人功能

文明和谐的校园文化标志着学校师生的价值目标、美好愿望和发展导向。校园文化承担着隐性教育功能，隐性教育渗透校园硬件设备、物质条件、学生人际交往、校训校歌、校园日常气氛中，潜移默化地影响甚至改变学生的价值取向和心理状态，无意识地接受和熏陶教育理念。首先要实现“幕幕在眼”。校园里借用展板、报纸栏、电子屏幕、宣传板等载体，宣传心理健康教育知识，丰富心理知识科普途径，创造心理知识“无处不在”的校园环境。宣传优秀学生标兵事迹，启发榜样式教育，树立正确的价值引导。其次要实现“阵阵入耳”。通过校园广播每日分享心理健康教育相关常识、自我调节方法、学校心理咨询预约流程等具有实际用途的心理学常识。最后要实现“步步有感”。通过校园大环境，如洪亮且积极向上的歌声，青草翠绿、绿树参天的美丽校园，校园标志性建筑添加灯光效果等，创造令人心情愉悦的校园环境，展现出情绪稳定、充满生命的气息，让学生沐浴在这种阳光而平静的氛围中。高校提升校园文化育人功能，就要抓牢心理健康教育内容，全面融入校园文化，让“抽象”变“具体”，“无距离、无差别、无针对性”地宣传心理健康教育。

（二）提升基层活力

高校辅导员是学生思想政治教育的引领者、践行社会主义核心价值观的指导者、学生培养健全人格和树立正确价值观的陪伴者。不可否认的是，辅导员的理想信念、业务能

① 吴继红．大学生心理健康教育课程实效性探究［J］．江苏师范大学学报（教育科学版），2013（S1）：88-90.

力、职业水平会直接影响学生本身的发展，提升新时代高校心理健康教育工作质量和成效，要充分发挥辅导员的力量。

1. 日常管理中落实心理健康教育职责

辅导员日常管理工作最贴近学生日常，通过深入学生寝室、课堂、食堂，在学生的生活场景中感受学生心里所想、心里所念，及时掌握学生心理动态和思想动态，有助于心理问题的“早发现早认识”。因此，辅导员要加强管理能力、观察能力和应急处理技能。首先，辅导员要加强安全教育，守住教育底线。学生的心理问题和安全问题是可以相互转换的，这是辅导员工作的一个重难点。学生心理问题有可能导致安全事故的发生，学生缺乏安全感也容易造成心理恐惧和自信心的缺失。因此，辅导员一方面要加强安全教育，积极开展网络安全、人身安全、社会安全、食品安全、宿舍安全等系列安全教育活动，通过班团会、社团活动、知识竞赛等活动宣传心理健康教育和安全教育；另一方面要正确引导学生树立安全意识、自我保护意识，指导学生正确调节不安全感导致的心理困惑。其次，辅导员要善于情感交流。情感是学生心理动态最直观的表达。辅导员在心理健康教育和思想政治教育过程中要跟学生建立情感的交流。日常管理工作上要“讲纪律，讲标准，讲成效”，对学生情怀要深、态度要正，“用心，用功，用情”，将情感充分渗透教育管理全过程，赢得学生信任，打造真诚的情感桥梁。再次，辅导员要加强班团建设。校园是师生共同学习、共同进步、实现人生目标的小社会。辅导员要做好班团建设、培养优良的班级环境、打造健康的人际交往平台，为学生自我展示和能力培养，提供多方位、多元化的课余平台，鼓励学生尊重他人、尊重科学、尊重差别。最后，尊重学生个性，提倡学生全面发展。辅导员引导学生创造社会价值、实现理想的个人发展。学生对学习成绩的追求、对荣誉的渴望、对恋爱的期待都是自我实现的需求。辅导员在学生实现自我的过程中要给予充分的认可，为学生指明正确的方向，推荐或创造更高的发展平台和职业取向。

2. 强化心理疏导工作能力的培养

辅导员进行心理疏导区别于心理咨询师、心理健康教育理论课教师的心理疏导。辅导员是学生日常生活中最亲近的、最多接触的教师。这有助于辅导员和学生之间建立足够的信任和求助感。辅导员要有一定的专业素质、心理疏导技能，要树立保密学生隐私的意识、心理疏导和思想引导相结合的意识。谈心谈话是辅导员对学生心理疏导的主要途径。当学生主动寻求心理疏导时，辅导员要正确判断学生心理状态，用专业的心理学知识和学校的心理健康教育工作要求，开展心理疏导。若学生有必要进行心理疏导而对心理疏导持有排斥心理时，辅导员要应用相应的心理学方法，鼓励学生打开心扉，认识自我、接受自我、改变自我。

3. 特色活动中强化心理健康教育

明确心理健康教育工作站驻站地位，借助辅导员工作室辐射作用，开展多形式、多方位的心理健康教育活动。一方面，保留活动目的纵向个性化设计。学生进入大学以后各个年级教育重难点各有不同，因此，需要尊重学生不同年龄段的发展规律和成长需求，设计个性化、针对性较强的心理健康教育系列活动。例如，大一阶段是学生思想认知、学习行为、生活交往能力刚刚起步的萌芽状态，可以通过“开启大学新模式”、“如何适应新环境”、“大学从‘心’开始”、“心”的旅程等主题活动，开展适应教育、人际交往教育、健康心理卫生教育、良好习惯教育、知识技能学习、学习生涯规划、校园友情和爱情等专项教育活动。另一方面，要注重活动内容横向一体化设计。心理健康教育中心组织统筹，以师生为主体，通过丰富学生活动培育学生心理健康意识，普及学生心理健康知识，调适与疏导学生心理困扰，更好地应对学生心理疾患，促进学生健康成长。可以通过“心理危机识别与应对”、“随‘心’而动”户外拓展、如何保护大学生心智健康、大学生身心健康与爱等教育讲座及各项安全知识培训，摸透心理健康教育工作实际，找准结合点，把握着力点，探索新时代心理健康教育的新路子、新办法，奋力推动发展，努力开创大学生心理健康教育特色活动工作新局面。

（三）奠定专业保障

1. 提升心理健康教育中心专职教师的工作能力

新时代对高校心理健康教育工作队伍建设的要求日益增强。健全师资队伍是心理健康教育工作的重要保障。首先，要提高心理咨询师的能力要求。在心理咨询师的聘任中选拔综合能力较强、业务水平高、有一定工作经验的咨询师，追求师资队伍的专业化、职业化和专家化，不断提高队伍工作水平和工作效率。其次，在心理健康教育中心工作开展和发展过程中，要重视过程化改革，中心教师定期开展业务研讨交流。通过谈话、问卷、座谈、交流、午餐会等舒坦的方式，及时征求学生意见和咨询感受，不断思考和完善心理咨询流程、体系和效果。

2. 完善心理健康教育相关基础设施

进行学生心理辅导的环境十分重要。心理健康教育中心应该加强心理健康教育的硬件设备与环境建设，为开展优质、舒心、合格的心理咨询与心理辅导创造高质量、全配套的环境保障，需要协调各部门开展大学生心理健康教育具体工作，为大学生心理健康教育工作的有效开展提供必要的人员、物质、经费和政策保障。

3. 营造心理健康教育氛围

人类的道德基础是人类精神自律。大学生心理健康教育是做人的工作，是人的心灵教育。在心理健康教育过程中不管是受教育者还是教育者，都要高度重视和尊重他们内心世界的变化。一方面，要倾向大学生心理健康教育过程的人性化管理。在正常的工作常态和规定中，学生出现心理异常，第一时间要求家长协助，办理休学，接受系统的医学治疗。随着家庭观的改变，有些家庭结构也比较复杂。不一定每个学生家长都接受过系统的有关心理健康的知识教育或者十分了解学生的心理病情，或许其根本没有能力为孩子提供良好的治疗和康复环境。这种情况下，学生留在学校，边治疗，边接受心理辅导，同时参与集体活动，可能会更好地促进学生身心康复。另一方面，要提高心理健康教育工作队伍的幸福感。大学生心理健康教育的实施离不开心理健康教育工作队伍每一位成员的用心参与和指导。大学生心理健康教育要重视他们的体验感和幸福感，鼓励工作者保持乐观的心态迎接每一位心理异常的学生。他们的幸福感一方面来源于受教育者的反馈与康复，另一方面来源于整个队伍的完整性、协调性、互通性。

4. 加大心理健康教育宣传力度

做好宣传文案，下发活动通知，制作活动宣传预告视频、官方微信公众号推文，在官方微信、官方微博、官方抖音、官方 QQ 空间等新媒体平台大力传播。实施多层面同步宣传，学校心理健康教育中心、学院辅导员、班级心理委员以及校园文化展览等层面同步开展活动宣传，加大活动影响力，引起学生注意力，启发学生的兴趣与参与的热情。牵头设立网络交流互动社区，鼓励学生加强交流，分享心理感受、活动参与感悟，设定心理疏导员，密切关注“社区”信息，做好系统保密性和精确性。

二、促进大学生心理健康教育与思想政治教育的良性互动

《关于进一步加强和改进大学生思想政治教育的意见》提出，思想政治教育与心理健康教育结合是心理健康教育的基本工作原理。大学生心理健康教育是思想政治教育的一部分，大学生心理健康教育和思想政治教育要进行有机结合，促进两者教育功能的实现。积极心理学理论下的心理健康教育要融入思想政治教育全过程，在思想政治教育实践中不断推进心理健康教育育人成果的实现。

（一）大学生心理健康教育与思想政治教育理念相渗透

正确的教育理念是“育心育德”全过程的导向。为了避免大学生心理健康教育和思想政治教育出现“勉强凑合”的局面，必须从教育理念上实现“二者彼此渗透”，这才能实现贴近学生生活、解决学生困难、创造社会价值的教育成效。

一是“以人为本”的教育理念相互渗透。新时代高校心理健康教育首先要树立“以人为本”的教育理念，让学生体会美好大学生活，陶冶学生的心理情操，锻炼学生的心理素质，要以“一切为了学生、为了学生的一切、为了一切学生”的教育意识，“围绕学

生、关照学生、服务学生"，实现立德树人的总目标。新时代背景下，大学生心理健康教育和思想政治教育要根据学生实际需求，细化教育主题，规划教育方案、探索教育途径，针对不同的教育群体，实施有针对性的策略。例如，学业预警学生、家庭经济困难生、单亲家庭子女、身体残疾学生、孤儿等不同类别的学生，由于个体情况不同，心理承受能力也不同，从小接受的思想理念有所差距，因此，新时代高校在心理健康教育和思想政治教育过程中应该根据不同学生的需求来确定目标、选择方法、规划途径。

二是"马克思主义关于人的全面发展"的教育理念相互渗透。人的全面发展理念包含个体能力的自由发展、才能的多方面发展、个体与社会环境的协调发展。我国高等教育担负着培养德智体美劳全面发展的社会主义事业建设者和接班人的重大任务。开展心理健康教育，要遵循学生成长规律，尊重学生个性化发展，高度重视学生树立正确的自我认识，建立健康的人际关系，创建和谐的社会环境；思想政治教育讲"世情、党情、国情、社情、民情"，强化新时代大学生思想认识，增强政治意识，培养过硬的政治素质和高尚的品德，引导学生树立正确价值取向。

（二）大学生心理健康教育与思想政治教育内容相补充

大学生心理健康教育工作全过程包含心理健康教育工作的指导思想、工作目标、具体内容、运行机制和路线、教育工作队伍建设和教育体制等多个方面的因素。大学生心理健康教育与思想政治教育的内容不能独立分开，二者的教育内容是相互交叉的逻辑关系，相互重合的内容是多方面、多角度、多层面的①。大学生思想政治教育引导学生树立正确的世界观、人生观和价值观；同时，在日常教育管理中全面了解学生心理、生理和行为，帮助学生树立积极进取、无私奉献的人生态度，陪伴学生健康成长成才。心理健康教育不能单方面地专注于学生个体的智力发展和情绪健康，更应该综合关注学生人际关系、社会适应能力、人格与意志健全以及正确的自我判断等心理标准。思想政治教育过程不得忽略学生的心理特征和身心健康发展，心理问题的识别与危机干预也离不开思想政治教育的早期介入和思想引导。

（三）大学生心理健康教育与思想政治教育途径相融合

新时代高校心理健康教育工作的开展，为思想政治教育提供了新思路。大学生在校期间，除了专业知识的掌握，还要完善健全人格，这一过程也是思想道德形成的过程。创新教育途径，通过灵活运用线上线下的互动模式，开展各项心理健康教育活动和思想政治教育活动，可帮助大学生发现自我、认识自我、发展自我。

一是实现二者在第二课堂中相融合。第二课堂是新时代大学生素质教育和全面发展的

---

① 张玉杰．心理健康教育在大学生思想政治教育中的功能及实现［D］．石家庄：河北师范大学，2018.

主阵地，与心理健康教育和思想政治教育第一课堂共同构建“育心育德”教育系统，二者在第二课堂的设计和拓展既要相对独立，又要相互融合。通过开展第二课堂的活动，结合思想政治和心理学的学科优势，发挥名师专题讲座的作用，普及心理学知识，从心理学的角度探寻生命的意义，利用辩证分析法认识社会现象，引导学生了解生命、敬畏生命、热爱生活，让学生学会珍爱自己，并由珍爱自己发展到关爱他人、关爱社会。此外，将心理健康教育和思想政治教育融入团委学生会系列工作列表，结合科技文化、技能赛事、演讲比赛、视频大赛、科普大赛、知识竞猜等，从“多方面、多角度、多形式”的校园活动中实现二者教育途径的相融合。

二是实现二者在新科技网络平台上相融合。在科技高速发展的新时代，大学生学习、生活、交友渐渐地转移到新科技网络平台，从实际到虚拟、从主观到客观，充分体现新科技网络平台深受大学生热衷与接受。从思想政治教育角度来看，网络平台对学生的认知、情感表达、心理成长的影响是全面深刻的。良好的网络环境可以在很大程度上提高教育的成效，通过网络平台融合心理健康教育和思想政治教育，既是机遇又是挑战。要求思想政治教育者和心理健康教育者在工作过程中具有高强度的缜密性和严肃性，在开展工作的方式方法上有超前的实效性和创意性，从“屏思政”延伸到“屏心理”，通过屏幕开展榜样教育，宣传优秀的青年大学生，从而开展价值观教育和心理素质教育；通过“屏”普及教育知识、宣传教育理念、丰富教育途径。通过二者教育网络平台的融合，实现教育方法多元化、教育手段科技化，同时，施行心理辅导与思想引领。

（四）大学生心理健康教育与思想政治教育队伍相整合

心理健康教育和思想政治教育工作者在工作任务重点和教育角色扮演过程中有所差别，高校学生工作中充分发挥思想政治辅导员在心理健康教育工作中的影响力和引导力是重点，二者队伍不能分开，也不能完全重合。一要强化思想政治教育工作者的心理健康教育专业性，尤其是要高度重视思想政治辅导员的心理健康教育知识的掌握和运用能力。辅导员作为学生工作基层工作人员，能够“最快、最近、最早”接近学生生活、掌握学生心理和思想动态、发现学生问题。一方面，高校在应聘辅导员时应着重考虑心理学相关学科背景的求职者；另一方面，辅导员岗位要高度加强心理健康教育专业知识的针对性培训和能力提升训练。辅导员通过谈心谈话、走访宿舍、深入课堂，倾听学生心里所想、心里所念，工作中灵活结合思想引领和心理辅导。二要提高心理健康教育工作者的思想政治素养。二者教育皆是做人的工作，心理健康教育通过理论课程、心理咨询、团体辅导等系列途径辅导青少年培养健康的认知和意识。心理健康教育工作者的思想观念和价值趋向，能够直接或间接地影响受教育者思想观念的形成，教育者必须“政治强、情怀深、思维新、视野广、自律严、人格正”，不仅储备心理学专业知识，更要具备过硬的政治素质；不仅培养健全的人格和心理素质，更要重视提高学生思想品德水平。

三、推动社会、学校与家长联动，形成教育合力

（一）加强政策指导，形成社会支持

高校担负着为国家和社会输送人才的职能，其发展离不开国家和社会的政策指导与支持。政府部门要加强各项有利于提升人才培养质量的政策在高校的落地实施，加强对高校人才培养工作的指导，为高校开展心理健康教育提供政策、理论指导。大学生的成长成才离不开社会支持，同理，大学生的心理健康教育离不开良好的社会环境。根据马斯洛需求层次理论，个人在社会的交互关系中，有满足被人所接纳、被人所尊重、被人所爱的基本需求，这些基本需求的满足可以保证个体良好的心理健康状态。良好的社会环境、社会关爱支持氛围，不仅对大学生心理健康教育至关重要，更是提升全社会文明、增强国民综合素质的重要举措。社会支持系统的建立健全，是高校心理健康教育的质量提升工程的重要保障，通过加强“校医合作”，社会医疗机构便为高校心理健康教育提供了坚强的保障；法律机构的助力，能够指导高校建立长期的专项法律咨询平台，通过加强《中华人民共和国精神卫生法》等相关法律常识普及，规范并保障高校开展心理健康教育工作的权益，实现依法治校。因此，探索构建积极心理学视角下的心理健康教育的社会支持网络，是今后较长一段时间社会心理健康工作的努力方向，也是高校增强心理健康教育效果的重要途径。

（二）加强师德师风建设，发挥专业课教师心理育人作用

在各科教学中要注意渗透心理健康教育，要把心理健康教育贯穿到德育、智育、体育、美育等各种教学中。提升心理健康教育质量，需要所有教师把心理健康教育渗透教学工作中去，与教育教学有机结合起来，在潜移默化中对学生实施心理健康教育，进一步夯实育人实效。通过加强师德师风建设，提高教师队伍的综合素质，积极开展教师心理健康教育知识培训，并将其作为教师继续教育的一项重要内容，普及心理健康教育知识。其他课程教师在上专业课时也自然而然地加强了心理健康方面的教育。通过全体教师的素质提升，打造出一支业务素质强、掌握心理辅导技能和心理训练方法的教师队伍，同时要加强教师责任心，发现学生的心理波动及时疏导，做到未雨绸缪。

（三）加强家校协同，调动家长力量

学生家长在大学生心理健康教育中的作用主要体现在两个方面。一是体现在学生成长过程中潜移默化的影响。家长的教育背景、家庭教育方式、家庭氛围等都与学生的健康成才息息相关，父母对孩子的关心程度不够、疏离的亲子关系、复杂的家庭组织结构等方面都会对学生心理产生不良的影响，甚至造成心理阴影；家庭教育对学生的影响是隐性的、

长期的、深刻的，学生的健康心理素质培育应该从家庭开启，家长应该关心学生心理健康问题、关注学生心理变化，早发现、早预防。二是体现在大学生心理危机干预中的关键性作用。大学生心理健康问题出现后，家长是第一责任人，学校应该第一时间告知家长并要求家长配合辅导与治疗，这就要求学生家长积极配合，并且具备一定的心理健康教育知识。值得关注的是，大部分学生家长对心理问题认知浅薄，不重视甚至抵触学生的心理健康问题，这不仅会直接影响学生的就医和康复，也给学校的工作带来阻力。因此，引导家长协同学校共同开展心理健康教育势在必行。应通过观念的改变，转变传统的家庭教育模式，加大家校联系的力度，进一步提高家庭教育的主动性、针对性和实效性，促使家庭教育与学校教育协调联动起来，是高校做好学生心理健康教育的重要一环。

四、大学生心理健康教育创新教学方法

从积极心理学的角度出发，高校若想构建全新的心理健康教育模式，势必要在现有的基础上加大力度开展对于教学方法的创新工作，从课堂内外和校园内外等多方面着手对积极心理学的相关理念进行践行，并在实践中检验其科学性。

（一）教师应当重视课堂教学这一基本途径

课堂教学是学生接受心理健康教育最传统和基本的方式，所以教师需要从源头上强化对于课堂教学的合理把控，具体体现在以下几个层面。首先，教师需要合理设定教学目标，使其能够更好地实现对于学生积极生活态度以及心理品质的培养，促使学生不断对自我产生全新的认识，进而在心理上构建起能够有效应对创伤和挫折的机制，降低问题行为产生的可能性，使其掌握养成积极心态和获得愉悦感的策略，进而建立起积极健康的心态，以面对社会上的各种事物。同时，教师还应当在实践中对其教学组织形式进行不断优化。以往高校所开展的心理健康教育活动大多是采用大课堂集中授课的形式，这难免会影响其教育的针对性和有效性。如果采用小班授课的模式，便可以在极大程度上加强师生之间的互动，有利于加深学生在课堂中所获得的积极体验，进而提升课堂教学的实际效果。教师应当综合考虑各方面的影响因素，充分结合现阶段高校大学生的实际特征和现有条件，强化对于团体活动、体验法以及小组讨论法等多种形式的合理应用，使其能够同学生的个性化需求相适应，帮助其在充分了解积极心理学具体理论内容的基础上，明确未来应当如何提升幸福指数以及培育积极品质。在进入教学评估工作之后，教师应当着重改变以往过分侧重于知识测试的形式，并将测评的重点逐渐向学生积极心理以及幸福感等方面倾斜①。

（二）高校应当注重开展发展性心理咨询辅导

高校需要加大力度组织相关咨询实践活动，并且需要将宣传教育渗透学生的日常学习

① 何飞．积极心理学视域下高校“大学生心理健康教育”教学改革研究［J］．科教导刊，2021（11）：137-139.

生活当中，使学生能够在潜移默化中对心理咨询有更为深入和正确的了解，意识到心理咨询并非单纯指障碍性咨询，其中还涉及诸多发展性咨询的内容，以帮助其更好地冲破以往在意识层面对于心理咨询认识的局限性。应强化落实团体咨询以及辅导工作，以便于切实展现出其在探索性、体验性以及普适性等方面的优势，积极组织相关活动，打破个体同社会之间的桎梏，促使学生进一步融入大团体交往当中，重新审视自我并改变自我，最终形成更加积极和优质的人格和心理品质，为学生未来的整体发展创造良好的条件。具体来看，高校可以针对现有的朋辈资源展开深层次的挖掘工作，以便于在校园内部构建起行之有效的互助机制，并从场地条件着手为朋辈之间的相互交流和互相帮助提供支持。在此过程中，高校应当加大力度开展对于学生干部、心理委员等的培训和教育工作，以便于充分发挥其指导性作用，进而在朋辈互助的过程中不断践行积极心理学的相关内容。

（三）高校应营造一个积极心理导向的文化氛围

从校园内部来看，应当充分建设良好的制度文化、精神文化以及物质文化，以充分助力校园文化的优化发展。对于高校校园来说，其物质文化中的各个组成部分及相互联系都能够将学校的教育价值观充分展现出来。立足于积极心理学的相关内容来看，高校应当针对其现有的基础设施以及校园布局进行优化调整，并将各种积极心理学元素有效融入其中，这样更能够在实践中实现对于学生自身品质和情操的培养。高校在开展校风、班风以及学风建设的过程中，需要始终围绕着“积极”这一基本内容，着眼于全局对其进行统一的规划和安排，基于现行的各种制度进行健全完善，不断优化组织结构，进而在各项实践中推动校园文化建设的高质量落实。

参考文献

[1] 边艺．积极心理学视角下大学生心理健康教育教学研究［J］．湖北开放职业学院学报，2023，36（14）：49-51.

[2] 陈新星．高校辅导员开展大学生心理健康教育研究［D］．福州：福建师范大学，2016.

[3] 冯才华，张壮壮，田甜．新时代高校积极心理课程建设探究——以地方农业院校为例［J］．黑龙江教育（高教研究与评估），2023（8）：33-35.

[4] 冯景垚．大学生体育参与和心理健康的关系研究［D］．郑州：河南大学，2022.

[5] 冯亮．积极心理学视域下的大学生心理健康教育策略探究［J］．西部学刊，2023（12）：129-132.

[6] 高洁．积极心理学视角下的高校大学生心理健康教育探究［J］．山西青年，2023（19）：193-195.

[7] 韩晓旭．大学生心理健康监测实践探索［J］．品位·经典，2023（13）：127-129.

[8] 何艳群．高校体育心理健康教育功能及实践策略——评《大学生心理健康教育：积极心理学的运用》［J］．中国安全科学学报，2023，33（4）：231-232.

[9] 华婉晴．在校大学生抑郁、焦虑及压力现况研究［D］．长春：吉林大学，2020.

[10] 霍胤睿．“三全育人”视域下高校心理健康教育路径研究［D］．杭州：浙江工商大学，2022.

[11] 江颖诗．面向大学生的高校心理健康服务设计研究［D］．广州：广东工业大学，2022.

[12] 金璐，张方圆．积极心理学视域下心理健康教育差异化在线教学探究——以大学生心理健康教育课程为例［J］．常州信息职业技术学院学报，2022，21（4）：37-40.

[13] 雷煜曦．网络背景下大学生心理健康课程建设研究［D］．哈尔滨：黑龙江大学，2022.

[14] 李晨涛．积极心理学视野下的高职辅导员心理健康教育工作研究［J］．现代职业教育，2023（29）：177-180.

[15] 李大伟，刘红，王刚．积极心理学视角下高校大学生心理健康教育路径研究——评

《大学生心理健康教育：积极心理学的运用》[J]. 中国学校卫生，2022，43（12）：1928.

[16] 李慧．后疫情时代高校图书馆心理健康信息服务研究 [D]. 大连：辽宁师范大学，2022.

[17] 李文萍．积极心理学视角下的高职院校大学生心理健康教育课程教学设计研究 [J]. 浙江工商职业技术学院学报，2023，22（3）：76-79.

[18] 李奕．大学生责任感与心理健康：自我效能感的调节作用 [D]. 上海：华东师范大学，2022.

[19] 刘寒梅，钟年，王娟．基于积极心理学视角下的“大学生心理健康教育”教学探索与实践 [J]. 中国医学教育技术，2023，37（3）：340-345.

[20] 刘露．新冠疫情背景下大学生健康教育资源配置研究 [D]. 银川：宁夏大学，2022.

[21] 刘明娟．积极心理学对大学生心理健康教育的启示 [J]. 教育理论与实践，2022，42（21）：50-52.

[22] 刘天一．大学生宿舍人际关系、大五人格和心理健康相关性研究 [D]. 哈尔滨：黑龙江大学，2022.

[23] 马雁思．高等教育水平分层视角下当代大学生心理健康状况研究 [D]. 济南：山东大学，2022.

[24] 孟笑曼．融合与创新：积极心理学视角下大学生心理健康教育模式探析 [J]. 中国多媒体与网络教学学报（上旬刊），2023（4）：105-109.

[25] 乔思迎．大学生心理健康素养的问卷编制、现状调查及干预研究 [D]. 沈阳：沈阳师范大学，2023.

[26] 秦忠梅．高校积极心理健康教育体系构建的探索 [J]. 佳木斯职业学院学报，2023（10）：131-133.

[27] 孙桔云．浅谈积极心理学在高职院校心理健康教育中的应用 [J]. 现代职业教育，2023（22）：37-40.

[28] 王静会，李荣瑶．新形势下大学生心理危机干预工作机制研究 [J]. 河北公安警察职业学院学报，2023（3）：79-81.

[29] 王纳新．积极心理学视角下大学生心理健康教育的实践探索 [J]. 黑龙江教师发展学院学报，2023，42（8）：134-137.

[30] 王田茹．思想政治教育视域下大学生积极心理品质培育研究 [D]. 哈尔滨：哈尔滨师范大学，2021.

[31] 吴迪，王善虎，钟文峰．积极心理学视野下大学生心理健康教育路径研究［J］．吉林农业科技学院学报，2022，31（5）：75-78.

[32] 向前，张智慧，蒋淑亚，石曼卿．积极心理团体辅导对大学生积极心理品质的影响［J］．湖南工程学院学报（社会科学版），2023（2）：89-95.

[33] 肖建卫，张兆强，张姿，等．积极心理学视域下的高校大学生心理健康教育［J］．教育教学论坛，2022（15）：177-180.

[34] 许艾静．基于心理健康课程的大学生心理健康素养干预研究［D］．武汉：华中师范大学，2020.

[35] 杨灿．大学生健康观教育研究［D］．漳州：闽南师范大学，2022.

[36] 杨吉措．新时代高校心理育人一体化建设研究［D］．兰州：兰州大学，2022.

[37] 杨艺旋．社会支持对大学生心理健康的影响研究［D］．成都：四川省社会科学院，2021.

[38] 尹思诺．高校心理健康教育规范化发展研究［D］．杭州：浙江工商大学，2023.

[39] 于婷．大学生品格优势、情绪管理与心理健康关系［D］．哈尔滨：黑龙江大学，2022.

[40] 张媛媛．“大学生心理健康教育”课程思政建设研究［D］．杭州：浙江工商大学，2023.

[41] 章玲玲，谢金之．新时代大学生积极心理品质培育研究［J］．淮南职业技术学院学报，2023，23（4）：101-103.

[42] 赵小芳．大学生的就业压力、情绪智力与心理健康的关系及干预研究［D］．西宁：青海师范大学，2022.

[43] 甄葭．积极心理学视域下大学生心理健康教育研究［J］．现代职业教育，2023（27）：25-28.

[44] 朱敏．积极心理学视域下的大学生心理健康教育［J］．佳木斯职业学院学报，2023，39（7）：61-63.